ধনাত্মক চিন্তাধাৰাৰ যাদু

সৎ চিন্তাধাৰাৰ পোহৰে দুৰ্ভাগ্যৰ
অন্ধকাৰক নাশ কৰি দিয়ে।

লেখক
সূৰ্য সিন্‌হা
মানৱ প্ৰশিক্ষক আৰু প্ৰেৰক

ডায়মণ্ড বুক্‌চ
www.diamondbook.in

প্ৰকাশক : ডায়মণ্ড বুকচ্ (প্ৰা.) লিমিটেড
X - 30, ওখলা ইণ্ডাস্ট্ৰিয়াল এৰিয়া, ফেজ - II
নূতন দিল্লী - 110 020
ফোন : 011 - 40712200
ই-মেল : sales@dpb.in
ৱেবচাইট : www.diamondbook.in
সংস্কৰণ : 2019
লেজাৰ টাইপচেটিং : ল্যাঙ্গুয়েজট্ৰন
মুদ্ৰক : আদৰ্শ প্ৰিণ্টাৰ্স, চাহদৰা, দিল্লী - 32

Dhanatmok Chintadharar Jadoo (Assamese)
Sakaratmak Vicharon Ka Jadoo (Assamese)
by < Surya Sinha

শুভকামনাৰে
এক মূল্যৱনা উপহাৰ

প্ৰিয় স্নেহী,

শ্ৰী/শ্ৰীমতী

মই মোৰ আন্তৰিক মৰম আৰু শুভকামনাৰে এইখন কিতাপ উপহাৰ স্বৰূপে প্ৰদান কৰিছো।

সাধাৰণতে জীৱনক সজোৱা, শ্ৰেষ্ঠতা প্ৰাপ্ত কৰা আৰু তাৰ মূল উদ্দেশ্য বুজি পোৱা যি গভীৰ দৃষ্টিৰ আৱশ্যক হয়, সূৰ্য সিন্‌হাৰ এইখন কিতাপে সেই দৃষ্টি প্ৰদান কৰে।

এইখন কিতাপে আপোনাৰ আগত প্ৰকাশ কৰিব চিন্তাধাৰা অদ্ভুত জগত। এইখন কিতাপত চিন্তাধাৰা লৈ সূৰ্যৰ মহন বহুত সঠিক আৰু উপযোগী হয়। আৰু ইয়াৰ লগতে চিন্তাধাৰাৰ দিব্যতা, ব্যাপকতা আৰু চিন্তাধাৰাৰ জীৱনত পৰা প্ৰভাৱৰ লগত সম্বন্ধী বহুত শ্ৰেষ্ঠ সামগ্ৰী হয়।

ধনাত্মক চিন্তাধাৰাৰ শক্তি আৰু নেতিবাচক চিন্তাধাৰাৰ পৰা হোৱা লোকচানৰ যি তুলনাত্মক ছবি দাঙি ধৰি তেওঁ এইখন কিতাপক এক পথপ্ৰদৰ্শক মিত্ৰ হিচাপে গ্ৰহণ কৰিছে।

মোৰ আন্তৰিক ইচ্ছা আছে যে আপোনাৰ জীৱন দিব্য হওক, শ্ৰেষ্ঠ আৰু সুখ-শান্তি আৰু সফলতাৰে ভৰি পৰক। মোৰ দৃঢ় বিশ্বাস আছে যে সেই উদ্দেশ্যক পাবৰ বাবে এইখন কিতাপ আপোনাৰ বাবে এক উপযোগী সাৰথীৰ দৰে বহুমূল্য উপহাৰ প্ৰমাণিত হ'ব, এই বিশ্বাসেৰে এইখন কিতাপ উপহাৰস্বৰূপে প্ৰদান কৰিছো।

তাৰিখ : .... আপোনাৰ শুভকাংক্ষী

....

(উপহাৰদাতা)

সমাজৰ কল্যাণৰ
বাবে আৰু ব্যক্তিত্ব
বিকাশৰ এইখন কিতাপ যি কোনো
ব্যক্তিকে উপাহাৰ স্বৰূপে
দিব পাৰে। উপহাৰ স্বৰূপে দিবৰ
বাবে যি ব্যক্তিক এইখন কিতাপৰ
আৱশ্যক হয়, তেওঁ এইখন
কিতাপক কম মূল্যত 'উইনাৰ্চ ট্ৰেক'
ৰ গিফ্‌ট ৰ অনুসাৰে
প্ৰকাশক লগত চিধা
যোগযোগ কৰিব পাৰে।

উছৰ্গা

এইখন কিতাপক
মা
বৈষ্ণো দেৱীৰ চৰণত উছৰ্গ
কৰিলো,
যাৰ অপাৰ কৃপা মোৰ
ওপৰত আছে।

যদি আপুনি আপোনাৰ জীৱনত কিছু কৰিব বিচাৰে, সফলতা প্ৰাপ্ত কৰিব বিচাৰে, সমস্যা আৰু চিন্তাৰ পৰা মুক্তি পাব বিচাৰে, তেনেহ'লে তাৰ বাবে সকলোতকৈ ভাল উপায় হৈছে যে আপুনি এনে কিছুমান লোকৰ সন্ধানক থাকক যি আপোনাৰ উন্নতি বিচাৰে আৰু ইতিবাচক চিন্তাধাৰা ৰাখে, তাৰ পিছত তেওঁলোকৰ লগত মিলি আপুনি নিষ্ঠা আৰু পৰিশ্ৰমেৰে আগবাঢ়ক, আপুনি নিশ্চয় সফলতা পাব।

-সূৰ্য সিন্‌হা

সূচীপত্ৰ

ধনাত্মক চিন্তাধাৰাৰ যাদু খণ্ড - 02

দুটা কথা আপোনাৰ লগত

প্ৰিয় বন্ধু!

এইখন কিতাপ এতিয়া আপোনাৰ হাতত, আপুনি এইখন কিতাপক পঢ়িবলৈ আৰম্ভ কৰাৰ আগত মই আপোনাক দুটা কথা কব বিচাৰো। মই কব বিচাৰো যে মই এইখন কিতাপ কিয় লিখিলো? সাধাৰণতে মানৱ জীৱন বহুত ভাল বেয়াৰ মাজত চলি থাকে, জীৱনৰ প্ৰায় সকলো দিশত সমস্যা আছে লগতে ভাল খবৰো আছে। কেতিয়াবা সুখেই সুখ নামি আছে আৰু কেতিয়াবা দুঃখৰ ধুমুহাই সকলো নষ্ট কৰি দিয়ে। অধিকতৰ লোক জীৱনত অহা সুখ আৰু দুঃখক ভাগ্য অথবা পূৰ্বজন্মৰ কৰ্মৰ ফল বুলি কৈ নিজকে ইয়াৰ পৰা বেলেগ কৰি দিয়ে। ভাগ্য, কৰ্ম এই সকলো কথা কিছু দূৰলৈকে সত্য হয়, কিন্তু জীৱনত সুখ, শান্তি, সমৃদ্ধি, সন্তুষ্টি আদিক লৈ মোৰ দৃষ্টিভঙ্গী অলপ বেলেগ হয়।

মোৰ দৃঢ় বিশ্বাস আছে যে মুনষ্যৰ জীৱনত সকলোতকৈ অধিক তেওঁৰ চিন্তাধাৰাৰে প্ৰভাৱিত হয়। বহু বছৰৰ অভিজ্ঞতাৰ পৰা মই পাইছো যে আমাৰ চিন্তাধাৰাই আমাৰ সুখ-দুঃখ, শান্তি-অশান্তি, সফলতা-অসফলতা, সন্তুষ্টি বা অসন্তুষ্টিৰ মুখ্য কাৰণ হয়। আমাৰ চিন্তাধাৰা ইমান শক্তি আছে যে ই আমাৰ জীৱনক একেবাৰে সলনি কৰি দিয়ে। যিমান দূৰলৈকে সুন্দৰ আৰু ইতিবাচক চিন্তাধাৰা জীৱন ৰূপী এই উপৱনক পূৰ্ণৰূপে সুগন্ধি কৰি দিয়ে কিন্তু কোনো ধৰণৰ বেয়া আৰু নেতিবাচক চিন্তাধাৰাই আমাৰ জীৱনৰূপী উপৱনক নষ্টও কৰি দিব পাৰে। মানৱ ব্যৱহাৰৰ অধ্যয়নৰ বহু বছৰৰ অনুভৱৰ পৰা প্ৰেৰিত হৈ মই এইখন কিতাপক লিখিছো।

প্ৰিয় বন্ধু! মোৰ আগতে প্ৰকাশিত কিতাপত মোৰ ব্যক্তিগত অভিজ্ঞতা আপোনাক জনাইছো। কিছু বছৰ পূৰ্বে মই এক সফল টিভি চিৰিয়েল আৰু ফিল্ম এডিটৰ আছিলো। আজিও সেই সময়ৰ এক-এক ক্ষণ কোনো ফিল্মৰ চিনৰ দৰে মোৰ চকুত ভাঁহি আহে। যেতিয়া মই চাওঁ তেতিয়া মই দেখা পাওঁ যে মোৰ দ্বাৰা সম্পাদিত চিৰিয়েল কেইবাখনো চেনেলত চলিছে। সম্ভৱতঃ এইখন কিতাপৰ লিখনিৰ বুনিয়াদো সেই সময়ত আৰম্ভ হৈছিল কাৰণ সেই সময় আছিল যেতিয়া অসফলতা মোৰ চাৰিওফালে আৱৰি ধৰিছিল। যেতিয়া কেনোবাই সফলতা প্ৰাপ্ত কৰে তেতিয়া এনে ভাৱ আহি যায় যে এতিয়া তেওঁ যি কোনো কামক য'তে-ততে হাত দিলে সফলতা প্ৰাপ্ত কৰিব। মোৰো এনে চিন্তাধাৰা আছিল, কিন্তু শীঘ্ৰে মই গম পালো যে মোৰ সেই চিন্তাধাৰা ভুল আছিল। ইমান ভুল আছিল যে ই মোৰ জীৱনক নষ্ট কৰি দিয়ে। মই কাৰোবাৰ পৰামৰ্শত ফিল্ম ডিস্ট্ৰীবিউচনৰ ব্যৱসায়ত খোঁজ দিওঁ, মোৰ বহুত লোকচান হয়, মই প্ৰায় খালি হৈ গৈছিলো। পিছত মই ইয়াৰ কাৰণক অনুসন্ধান কৰি গম পালো যে মোৰ সহযোগী আৰু কৰ্মচাৰী প্ৰায় সকলোৱে মোক ঠগি দিছিল। যেতিয়াই মোৰ বেয়া দিন আৰম্ভ হয়, এক এক কৰি সকলোৱে মোৰ পৰা আতৰি যায়। ইমানেই নহয়, মোৰ লগ দিবলৈ কথা দিয়া মোৰ মিত্ৰ আৰু কথিত সহায়ক পৰিচিতও মোৰ পৰা দূৰ হৈ যায়। কোনোবাই মোৰ অব্যৱহাৰিক কয়, কোনোবাই মূৰ্খ, মোক আঘাত কৰা ইতিকিংৰ কথা কোৱা গ'ল আৰু মোৰ সিদ্ধান্তক লৈ সকলোৱে হাঁহিব ধৰিলে।

সেই বেয়া সময়ত মই জানিছিলো যে আকাশৰ পৰা তলত পৰা ব্যক্তিৰ কি গতি হয়? মই একেবাৰে আঘাতপ্ৰাপ্ত হৈ পৰিছিলো।, চিন্তিত হৈছিলো যে এই সকলো ইমান সোনকালে আৰু কিয় হৈ গ'ল? অৱশ্যে, এনে বেয়া সময়তো মই মোৰ মনত নেতিবাচক আৰু বিধ্বংসকাৰী চিন্তাধাৰা আহিব দিয়া নাছিলো। মোৰ আত্মবিশ্বাসক তল পৰি দিয়া নাছিলো। মই নিশ্চয় পৰি গৈছিলো, কিন্তু মোৰ থিয় হোৱাৰ ইচ্ছা কমি যোৱা নাছিল। ঈশ্বৰৰ ওপৰত পূৰ্ণ বিশ্বাস ৰাখি মই নতুন জীৱন আৰম্ভ কৰিবলৈ নিৰ্ণয় লওঁ।

সেই সময়ত, মোৰ মনত বহুবাৰ নিৰাশাজনক চিন্তাধাৰা আহিছিল। কিন্তু মোৰ ইতিবাচক চিন্তাধাৰাৰ সন্মুখত সেই সকলো বেয়া, নিৰাশাবাদী আৰু বিধ্বংস বিচাৰক নষ্ট হ'ব লগীয়া হৈছিল। মোৰ ইতিবাচক চিন্তাধাৰাক আৰু দৃঢ় কৰিবলৈ তথা নতুন শক্তি প্ৰাপ্ত কৰিবৰ বাবে মই কেইবাটাও ধ্যান শিৱিৰ (মেডিটেচন কেম্প) ত অংশ গ্ৰহণ কৰো। আধ্যাত্মিক আৰু ব্যৱসায়িক ৰূপেৰে সফল লোকৰ আত্মজীৱনী পঢ়ো, ইয়াৰ পৰা মই বহুতো নতুন-নতুন, ৰচনাত্মক আৰু ইতিবাচক চিন্তাধাৰা পাওঁ।

ইয়াৰ ভিতৰত এক প্ৰভাৱশালী চিন্তাধাৰা আছিল-

বৃক্ষ কটাৰ পিছতো সেউজ হৈ থাকিব পাৰে, যদি তাৰ শিপা শক্তিশালী হয়।

এই চিন্তাধাৰাই মোক নতুন দৃষ্টি দিয়ে, নতুন সাহস ভৰাই দিয়ে। মই বিচাৰি পাওঁ যে মোৰ মস্তিস্কত চিন্তাধাৰা ৰূপী শিপা শক্তিশালী আৰু সুস্হ হৈ আছিল। সেই চিন্তাধাৰাক আগবঢ়াৰ উৎসাহ আছিল আৰু নতুন জীৱন আৰম্ভ কৰিবলৈ সাঁজু হ'বৰ বাবে মোৰ ওচৰত ঈশ্বৰৰ দ্বাৰা দিয়া বহুমূল্য মগজুও আছিল।

আৰু তাৰেই পৰিণাম হয় যে আজি মোক এক সফল লেখক, মানৱ প্ৰশিক্ষক আৰু প্ৰেৰকৰ ৰূপত পৰিচিত হৈছো। আজি মই পিছলৈ ঘূৰি চাওঁ তেতিয়া পাওঁ যে মোৰ স্বাস্থ্য, ইতিবাচক, আশাবাদী আৰু সৃজনশীল চিন্তাধাৰাৰ যাদু আছিল যিটো সমাজত মোৰ এক নতুন পৰিচয় দিয়ে। গতিকে যেতিয়া মই নিজে চিন্তাধাৰাৰ শক্তিৰ ইমান প্ৰভাৱী পৰিণাম দেখা পাইছো, তেনেহ'লে মোৰ মনত এক লেখক হোৱাৰ অনুসাৰে এই চিন্তাধাৰা আছে যে ধনাত্মক চিন্তাধাৰাৰ এই যাদুৰ লগত মই মোৰ পাঠককো কিয় অৱগত কৰাওঁ আৰু মোৰ এই চিন্তাধাৰা এইখন কিতাপৰ বুনিয়াদ হয়। সেইকাৰণে মই সেই কঠিন সময়ক এইখন কিতাপৰ প্ৰাথমিক সময় বুলিও মানো।

প্ৰিয় বন্ধু! বহু বছৰৰ অভিজ্ঞতাৰ আধাৰত মই সত্য কওঁ আৰু বাৰে বাৰে কওঁ যে ধনাত্মক চিন্তাধাৰা যাদুৰ দৰে কাম কৰে। অসীম শক্তি আছে ধনাত্মক চিন্তাধাৰাত। নেতিবাচক চিন্তাধাৰাই যদি ব্যক্তিক হতাশৰ অন্ধকাৰলৈ থেলি পঠিয়াই, তেতিয়াহ'লে ধনাত্মক আৰু আশাবাদী চিন্তাধাৰাৰে তাক বিকাশৰ পথলৈ লৈ যাব পাৰি।

এইখন কিতাপত, মই দুটা প্ৰকাৰৰ চিন্তাধাৰা-ধনাত্মক তথা নেতিবাচক চিন্তাধাৰাৰ বিষয়ে বিস্তাৰেৰে কৈছো। ইয়াৰ লাভ আৰু লোকচান দুয়োকে স্পষ্ট কৰিছো। এইখন কিতাপক ব্যৱহাৰিক আৰু অধিক উপযোগী কৰিবৰ বাবে মই ইয়াক দুটা খণ্ডত ভাগ কৰিছো। খণ্ড এক আৰু খণ্ড দুই।

খণ্ড একত, চিন্তাধাৰাৰ আধাৰ, তাৰ আধাৰভূমি, তাৰ দৰ্শন আৰু তাৰ জীৱনত পৰা প্ৰভাৱক মই প্ৰস্তুত কৰিবলৈ চেষ্টা কৰিছো। খণ্ড একত ব্যক্তিত্ব নিৰ্মাণত চিন্তাধাৰা আধাৰশিলাৰৰ কি ভূমিকা আছে, এই বিষয়েও স্পষ্ট কৰিবলৈ প্ৰয়াস কৰিছো। ইয়াৰ উপৰিও চিন্তাধাৰা পৰা আমাৰ সংসাৰ আৰু সংসাৰৰ দ্বাৰা আমাৰ বিচাৰ কেনেদৰে প্ৰভাৱিত হয়, ইয়াকো সৰলতাৰে সমুখত ৰাখিবলৈ যথাসম্ভৱ প্ৰয়াস কৰিছো।

খণ্ড দুইত, মই চিন্তাধাৰাক জীৱনৰ উপযোগী সূত্ৰত সলনি কৰাৰ উপায়ক ৰেখাংকিত কৰিবলৈ প্ৰয়াস কৰিছো। যেনেদৰে মই কিতাপৰ প্ৰথম খণ্ডত চিন্তাধাৰাৰ আধাৰ আৰু সংসাৰৰ ব্যৱহাৰিক শিক্ষা লোৱাৰ উপায়েৰে প্ৰস্তুত কৰিছো যিটো অত্যন্ত আৱশ্যক আছিল। তাতে মই এনেদৰেও ভাৱো যে কেৱল দৰ্শন বা ব্যাখ্যাৰে কিতাপৰ উদ্দেশ্য পূৰ্ণ হ'ব নোৱাৰে যেতিয়ালৈকে সেই কিতাপ পাঠকৰ ওচৰলৈ গৈ নাপায় আৰু তেওঁৰ জীৱনক সলনি কৰাৰ পুঁজী হিচাপে কাম নকৰে।

যি প্ৰাণপণেৰে ব্যৱহাৰিক সময়ক মই এইখন কিতাপক একেলগ কৰিবলৈ প্ৰয়াস কৰিছো, সম্ভৱতঃ সেয়া পৰ্থপ্ৰদৰ্শক আৰু প্ৰেৰণাদায়ক কিতাপৰ জগতত এক নতুন অধ্যায়ত জড়িত হ'ব পাৰিব আৰু লগতে

এইখন কিতাপে অসহায়ৰ বাবে সহায়ক প্ৰমাণিত হ'ব আৰু আবাঢ়িবলৈ প্ৰেৰণা দিব। এনেদৰে মই ভাৱো। এবাৰ আপুনি একাগ্ৰতাৰে এইখন কিতাপক পঢ়ক আৰু আপুনি দেখা পাব যে আপোনাৰ জীৱনত ধনাত্মক চিন্তাধাৰা যাদুৰে কেনেদৰে ৰং সানি দিব।

আপোনাৰ

সূৰ্য সিন্হা

website : www.suryasinha.com

E-mail : contact@suryasinha.com or suryasinha@suryasinha.com

এনে কোনো সূত্ৰ নাই যে আপুনি কিবা পাব বিচাৰে আৰু পৰিশ্ৰম আৰু চেষ্টা নকৰাকে আপুনি তাক প্ৰাপ্ত কৰিব পাৰে।

-সূৰ্য সিন্‌হা

ধনাত্মক
চিন্তাধাৰাৰ যাদু

খণ্ড-1

যদি আপুনি কোনো কথা ভাৱিছে, তেনেহ'লে সেয়া ভাল কথা, যদি আপুনি পুণৰ মনন কৰাৰ পিছত সেয়া ভাৱিছে, তেনেহ'লে সেয়া বুদ্ধিমানী। যদি ইয়াৰ পিছত আপুনি সেই চিন্তাধাৰক বাস্তৱিক ৰূপ দিবৰ বাবে পদক্ষেপ লৈছে, তেন্তে সফলতাৰ দিশত উঠোৱা পদক্ষেপত পৰিণত হয়।

-সূৰ্য সিন্‌হা

Sakaratmak Vicharon
Ka Jadoo (Assamese)

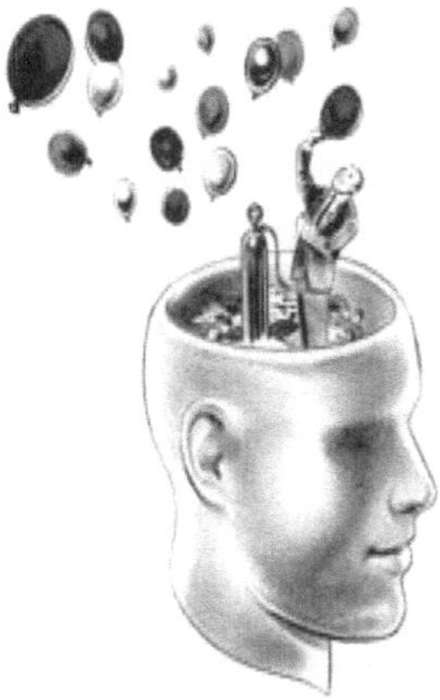

ধনাত্মক চিন্তাধাৰা কি হয়?

✍ প্ৰিয় বন্ধু! যি ধনাত্মক চিন্তাধাৰাৰ বিষয়ে আমি এইখন কিতাপত আলোচনা কৰিবলৈ গৈ আছো, সেই চিন্তাধাৰা কি হয়? সকলোতকৈ প্ৰথমে আমি চিন্তাধাৰাৰ পৰিভাষাৰে আৰম্ভ কৰো।

সাধাৰণতে, আমাৰ দৃষ্টিভঙ্গীয়েই আমাৰ চিন্তধাৰা হয়। আমাৰ মনত যি সংকল্প-বিকল্প উৎপন্ন হয়, আমি যি কল্পনা কৰো, সেই সকলো আমাৰ চিন্তাধাৰা হয়।

এই চিন্তাধাৰা কেইবা প্ৰকাৰৰ যেনে-

- **ইতিবাচক চিন্তাধাৰা**
- **নেতিবাচক চিন্তাধাৰা**
- **আশাবাদী চিন্তাধাৰা**
- **নিৰাশাবাদী চিন্তাধাৰা**
- **সাত্ত্বিক চিন্তাধাৰা**
- **দূষিত চিন্তাধাৰা**
- **বৈৰাগ্যবাদী চিন্তাধাৰা**

☞ মোহ-মায়াবাদী চিন্তাধাৰা

বৰ্তমান সময়ত, আধুনিক মনুষ্য শিক্ষিত হোৱাৰ স্বত্ত্বেও সন্তুস্ট আৰু সুখী নহয়। আচলতে, ইয়াৰ পিছত এট ভুল মানসিকতাৰে যুক্ত দায়িত্ব হয়। এনেদৰে দেখা পোৱা যায় যে অধিকাংশ লোকে বিভিন্ন ধৰণৰ নেতিবাচক চিন্তাধাৰাৰে গ্ৰস্ত হৈ আছে। আজি ব্যক্তিৰ দুখ আৰু অশান্তিৰ মুখ্য কাৰণ হৈছে তেওঁলোকে ইতিবাচক চিন্তাধাৰাৰ লগতে ব্যৰ্থ আৰু নেতিবাচক চিন্তাধাৰাকো নিজৰ মন-মস্তিস্কত স্হান দিছে।

অধিকাংশ লোকে ভাল চিন্তি কম আৰু বেয়া চিন্তা বেছি কৰে। তেওঁলোকে উজ্বলতাৰ দিশত কম আৰু অন্ধকাৰৰ ফালে বেছি ধ্যান দিয়ে। তেওঁলোকে ভাল পৰিণামৰ আশা কম, বেয়া পৰিণামৰ আশংকাৰে অধিক গ্ৰস্ত হৈ থাকে। কিন্তু প্ৰত্যেক ক্ষেত্ৰত উত্থানৰ বাবে বহুত আৱশ্যক যে মনুষ্যক ইতিবাচক চিন্তাধাৰা আৰু আশাবাদী হ'ব লাগে, বেয়া আৰু দূষিত চিন্তা কৰাৰ পৰিৱৰ্তে সাত্তিক চিন্তাধাৰাৰে জীৱন নিৰ্বাহ কৰিব লাগে। অধিকাংশ লোকৰ মগজুত ব্যৰ্থৰ সুৰাপান ভৰি থাকে। তেওঁলোকে অতীতৰ দূৰ্ঘটনা, লোকচান, শত্ৰু আদিৰ চিন্তা কৰি আৰু ভৱিষ্যতে আহিব লগীয়া সমস্যা আৰু বিপদৰ কথা ভাৱি সদায় দুখী হৈ থাকে। তেওঁলোকে বৰ্তমানত জীয়াই নাথাকে, কাৰণ তেওঁলোকৰ ব্যৰ্থৰ চিন্তাধাৰাই তেওঁলোকক বৰ্তমানত জীয়াই থাকিবলৈ, ভাল কথা ভাৱিবলৈ বা ভাল কাম কৰিবলৈ সুযোগ নিদিয়ে। এই আত্মঘাতী দৃষ্টিৰে তেওঁলোকৰ বৰ্তমানৰ মূল্যৱান সময় কালি (অতীত আৰু ভৱিষ্যত দুয়ো) ৰ চিন্তাত শেষ হৈ থাকে আৰু তেওঁলোকে জীৱনৰ গতিত পিছ পৰি গৈ থাকে।

আপোনাৰ চিন্তাধাৰক সুন্দৰ কৰিলে আপুনি আপোনাৰ জীৱন নিজে নিজে সুন্দৰ দেখা পাব।

ভাল বা ধনাত্মক চিন্তাধাৰা প্ৰবৃত্তিৰ ব্যক্তি

- খং নকৰে আৰু কোনো কথাত উত্তেজিত নহয়।
- অহংকাৰ নকৰে আৰু আনকো সমানেই সন্মান কৰে। মন দি সকলোৰে কথা শুনে।
- তেওঁলোকৰ মনত কোনো ধৰণৰ কুণ্ঠা নাথাকে। মনত কোনো সমস্যা আহিলে তাৰ শীঘ্ৰে সমাধান কৰে।
- কেতিয়াও যি কোনো পৰিস্থিতিত অন্ধকাৰৰ পক্ষক নেদেখে। সদায় তেওঁলোকে উজ্বল অৰ্থাৎ উন্নতিৰ কথা চিন্তা কৰে।
- যি কোনো পৰিস্থিতি হ'লেও, কেতিয়াও ভুল পথত নাযায়। সত্য আৰু নিষ্ঠাত পূৰ্ণ বিশ্বাস ৰাখি সেই পথেদি আগবাঢ়ে।
- মন-মতস্তিস্কত কেতিয়াও বেয়া বা নেতিবাচক চিন্তাধাৰাক প্ৰৱেশ কৰিব নিদিয়ে।
- সদায় আশাবাদী হৈ থাকে তথা আনকো প্ৰেৰণা দিয়ে।

মই নাজনো যে মানুহে প্ৰায়ে এনেদৰে কিয় ভাৱে যে তেওঁৰ ওচৰত একো নাই, বৰং তেওঁ এনেদৰে ভাৱিব লাগে যে তেওঁৰ ওচৰত কি কি আছে আৰু তেওঁ কি কি কৰিব পাৰে।

বেয়া বা নেতিবাচক চিন্তাধাৰা প্ৰবৃত্তিৰ ব্যক্তি

- কথাত-কথাত উত্তেজিত আৰু ক্ৰোধিত হৈ যায়।
- আনৰ ওপৰত নিৰ্ভৰশীল হৈ থাকে।
- সদায় অহংকাৰেৰে ব্যৱহাৰ কৰে।
- নিজতকৈ আনক গুৰুত্ব নিদিয়ে। আনৰ কথা নুশুনি কেৱল নিজৰ কথাই কৈ থাকে।
- অভাৱ আৰু অসফলতাৰে গ্ৰস্ত হৈ কুণ্ঠিত হৈ থাকে।
- কুণ্ঠাৰ কাৰণে নিৰন্তৰে নিৰাশা আৰু ভয়ত জীৱন অতিবাহিত কৰে।
- সমস্যাৰ সমাধান কেতিয়াও নকৰি তাৰ বিপৰীতে সময়ৰ নষ্ট কৰে।
- সোনকালে সিদ্ধান্ত লয় আৰু লোকচান হোৱাত আনৰ ওপৰত দোষৰোপণ কৰে।
- আগ-পিছ নাভাৱে, কাৰণ 'মই শ্ৰেষ্ঠ' ৰ মনোভাৱ তেওঁলোকৰ মন-মস্তিস্কত সদায় প্ৰভাৱিত হৈ থাকে।
- সদায় দৃশ্যৰ ক'লা পক্ষক সন্মুখত ৰাখে। অসফলতা আৰু লোকচানৰ কথা কৈ আনৰো সাহসক ভাঙি দিয়ে।
- অলপ সমস্যা আহিলেই কুপথলৈ গুচি যায়। মিছা আৰু বেইমান কামক আতৰাই নিদিয়ে।

এতিয়া আপুনি ভালদৰে জানিলে নিশ্চয় যে দুয়ো চিন্তাধাৰাৰ মাজত বহুত অন্তৰ আছে, এতিয়া আপুনি আপোনাৰ বিবেকেৰে এই সিদ্ধান্ত লওক যে আপুনি কেনে চিন্তাধাৰাৰ ব্যক্তি হয়।

মনত ৰাখিব-

ভাল চিন্তাধাৰা থকা ব্যক্তিয়ে ক্ৰোধ, কুণ্ঠা, কুসংগ, কুদৃষ্টি, কুপথ, কুকৃত্য আৰু কুকৰ্মৰ পৰা সদায় দূৰত থাকে। যি এই কাৰ্যৰ চিকাৰ হয়, তেওঁলোকৰ চিন্তাধাৰা ভাল হ'বই নোৱাৰে।

---●---

যেতিয়া আপোনাৰ সাহসে আপোনাৰ ভাগ্যৱান মিত্ৰৰ ৰূপত প্ৰমাণিত হয়, তেনেহ'লে আপোনাৰ দু-সাহসে আপোনাৰ বাবে ভয়ংকৰ বিপত্তীৰ জনক হৈ যায়।

-সূৰ্য সিন্‌হা

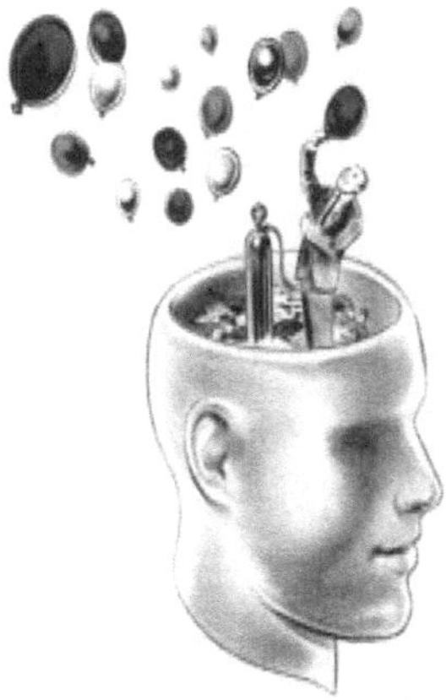

এটা চিন্তাধাৰাই গোটেই জীৱনক সলনি কৰি দিব পাৰে

✍ আমাৰ জীৱন যাত্ৰাত অহা গুৰুত্বপূৰ্ণ পৰ্যায় আৰু সুযোগক আমি ভালদৰে লক্ষ্য কৰি চাওঁনে।

যদি নাচাওঁ তেনেহ'লে মই কওঁ যে এনেদৰে কৰাতো বহুত আৱশ্যক হয়, কাৰণ আপোনাক চিন্তাধাৰাৰ যাদুক চাব লাগে আৰু চিন্তাধাৰা এই যাদুক চোৱাৰ ৰহস্য এনেদৰে হয় যে আমি আমাৰ জীৱনৰ সকলো দিশক গভীৰতাৰে বুজিব লাগে আৰু তাৰ পিছত আগবঢ়াৰ নিৰ্ণয় লব লাগে।

পাহৰি নাযাব, সমাজশাস্ত্ৰী আৰু মনোচিকিৎ সকলৰ মতে অধিকাংশ দুখ, ভয়, উৎসাহহীনতা, বিপত্তী, সংকট বা অৱসাদ মনুষ্যৰ নিজৰ চিন্তাধাৰা পৰিণাম হয়।

ইয়াক এনেদৰে কব পাৰি-

চিন্তাধাৰাই মনুষ্যৰ জীৱন হয় আৰু
চিন্তাধাৰাই মৃত্যু।

এক বিদ্বানৰ প্ৰসিদ্ধ ভাচ্য মতে-

"চিন্তাধাৰা অনুসাৰেই ব্যক্তিৰ ভৱিষ্যতৰ নিৰ্মাণ আৰু ধ্বংস হয়।"

কোনো এটা চিন্তাধাৰাই মনুষ্যক জীৱনত সফল কৰি দিয়ে আৰু কোনো এটা চিন্তাধাৰাই তেওঁৰ জীৱনক নৰকৰ স্হান দিয়ে।

উপনিষদত কোৱা আছে-

"বেয়া চিন্তাধাৰাই মনুষ্যক বেয়া কৰ্মৰ ফালে লৈ যায়।"

যদি আপোনাৰ চিন্তাধাৰা নেতিবাচক তেনেহ'লে আপোনাৰ মনত ভয়, উৎসাহহীনতা, শংকা আদিয়ে জন্ম লব, কল্যাণৰ চিন্তাধাৰাই নলয়।

নেতিবাচক চিন্তাধাৰা (ভয়, উৎসাহহীনতা, শংকা আদি) লাহে লাহে ব্যক্তিক নষ্ট কৰি দিয়ে। দীন-হীন কৰি দিয়ে। তেওঁৰ উৎসাহ সমাপ্ত হৈ যায়। উৎসাহহীনতাৰে ব্যক্তিৰ নিৰ্ণায়ক শক্তি কমি যায়। তেওঁ ভুল নিৰ্ণয় লব ধৰে। তেওঁ বুদ্ধি সততা, দূৰদৰ্শিতা, ধৈৰ্য্য সন্তুলন, মানসিক সন্তুষ্টি আদি সকলো মহান গুণক হেৰুৱাই দিয়ে। তাৰ পৰিৱৰ্তে সকলোৰে জানে যে জীৱনত সফলতাপূৰ্বক প্ৰভাৱকাৰী কাম কৰিবৰ বাবে এই গুণকেইটাৰ বহুত আৱশ্যক হয়।

ইতিহাস সাক্ষী আছে যে যেতিয়া কোনো ব্যক্তিৰ ওপৰত সংকট আহি যায় বা হঠাৎ কোনো ডাঙৰ কামৰ দায়িত্ব আহি যায়, সেই সময়ৰ পৰা তেওঁৰ সাহস আৰু ধৈৰ্য্যৰ পৰীক্ষা আৰম্ভ হৈ যায়। সাধাৰণতে হঠাৎ আহি যোৱা কঠিনতাই ব্যক্তিৰ সাহস, বুদ্ধি সততা আৰু নিৰ্ণায়ক শক্তিক চিনাক্ত কৰাৰ সময় হয়।

এনে সময়ত পৰিস্হিতিৰ ওপৰত নিয়ন্ত্ৰণ পোৱাত সেই ব্যক্তি সকলে সমাৰ্থ হয়, যি মনৰ শান্তি, সহজতা, ধৈৰ্য্য, বুদ্ধি সততা আৰু চিন্তাধাৰাৰ শক্তিক নষ্ট হ'ব নিদিয়ে। এনে ব্যক্তি যি কোনো পৰিস্হিতিটো বিচলিত হৈ নাযায় আৰু নিজকে নিয়ন্ত্ৰণ কৰি ৰাখি নিজৰ লক্ষ্যৰ পথলৈ আগবাঢ়ি যায়। সেই ব্যক্তি সকলে নিৰন্তৰে আগবাঢ়ি গৈ থাকে। জীৱন আকৌ সমান্য

আৰু সুন্দৰ হৈ যায়। কোনো ব্যক্তিয়ে ঠিকেই কৈছে-

'সংকটৰ সময়ত আপুনি নিজকে বিচলিত হ'ব নিদিব অৰ্থাৎ আপোনাৰ চিন্তাধাৰাৰ প্ৰতি আস্থাক হেৰুৱাব নিদিব, তাৰ পিছত চাওক, সংকটে আপোনাৰ ওচৰত কেনেদৰে পৰাজয় স্বীকাৰ কৰিব।'

প্ৰিয় বন্ধু! চিন্তাধাৰাই সকলো মায়া হয়। চিন্তাধাৰাই জগতক জয় কৰে আৰু চিন্তাধাৰাই শাসন কৰে।

যাৰ ওচৰত ইতিবাচক চিন্তাধাৰা আছে, তেওঁৰ ওচৰত জীৱনৰ প্ৰত্যেক অস্ত্ৰ আছে আৰু তেওঁক বিজয়ী হোৱাৰ পৰা কোনেও ৰখাব নোৱাৰে।

সুপ্ৰসিদ্ধ মুনি মহৰ্ষি অৰবিন্দই কৈছে-

"মন যদি শক্তিশালী হয় তেতিয়াহ'লে চিন্তাধাৰা সৰ্বশক্তিমান হয়। এই চিন্তাধাৰক আপোনাৰ জীৱনত গ্ৰহণ কৰক আৰু নিজকে সৰ্বশক্তিমান, মহিমান্বিত আৰু গৌৰৱময় অনুভৱ কৰক। ঈশ্বৰে কৰক তোমাৰ মগজুত কোনো ধৰণৰ কুসংস্কাৰে স্থান নাপাওক। ঈশ্বৰে কৰক যে আমি জন্মৰ পৰাই কুসংস্কাৰৰ পৰিৱেশত ডাঙৰ-দীঘল নহওঁ আৰু দুৰ্বল তথা বেয়া চিন্তাধাৰাৰ পৰা বাচো।"

---●---

চিন্তাধাৰাৰ নৱীনতাৰ অৰ্থ হ'ল পুৰণা হৈ গৈ থকা জীৱনক নতুনকৈ আৰম্ভ কৰক।

-সূৰ্য সিন্‌হা

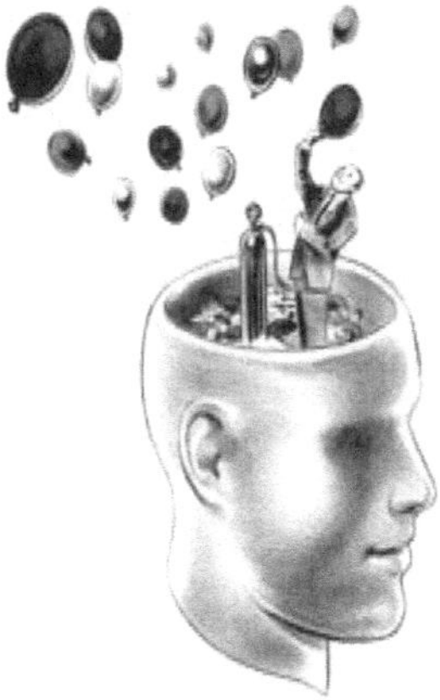

পুৰণা চিন্তাধাৰা, নতুন গ্ৰহণ কৰক

✍ চিন্তধাৰাৰ যাদুক চাবৰ বাবে, চিন্তাধাৰাৰ উজ্বলতাক চাবৰ বাবে, চিন্তাধাৰাৰ মাধ্যমেৰে জীৱনত সুখৰ ইন্দ্ৰধেনুৰ ৰং সানিবৰ বাবে সকলোতকৈ প্ৰথমে আমি নিজকে চাফ-চিকুন কৰিব লাগিব। প্ৰথমে আমি আমাৰ মন-মস্তিস্কৰ পৰা পুৰণা চিন্তাধাৰাক উলিয়াব লাগিব। অৱশ্যে যিটো পুৰণা হয় সেয়া কামত নাহিব বুলি নাভাৱিব। যিকোনো চিন্তাধাৰা আনৰ মতে বেয়া হ'লেও, আপুনি তাৰ পৰিচয় আজিৰ প্ৰত্যাহ্বান জনিত যুগত কৰক। চিন্তাধাৰা পৰীক্ষা কৰক, চাওক আৰু নোট কৰক।

আজি কম্পিউটাৰৰ যুগ হয়। সমগ্ৰ বিশ্ব তীব্ৰ গতিৰে বিকাশৰ ফালে অগ্ৰসৰ হৈছে। কিন্তু কিছুমান লোক আজিও এই সময়ত বিশ বছৰ পিছত আছে, কিয় ? কাৰণ তেওঁলোক লুকাই আছে, পৰম্পৰাবাদী, নেচিবাচক, নিৰাশাজনক আৰু উৎসহহীন চিন্তাধাৰাৰে জীয়াই থাকে। তেওঁলোকক এই সকলোৰে পৰা মুক্ত হ'ব লাগিব।

কিন্তু ই কেনেদৰে সম্ভৱ হয়? বাস্তৱত আমাৰ মস্তিস্ক এটা কম্পিউটাৰৰ দৰে হয় য'ত ভাল-বেয়া অসংখ্য চিন্তাধাৰা ভৰি আছে। অসংখ্য কল্পনা ইয়াত ভৰি আছে আৰু যথাৰ্থৰ ধৰাতলত সমীক্ষা কৰিব পৰা উপযোগী পৰিকল্পনাও আছে। আমি আমাৰ মস্তিস্কৰূপী এই কম্পিউটাৰক অলপ সময়ৰ অনুৰূপে ক্রমবদ্ধ অর্থাৎ আপ-ডেট কৰিব লাগে। অৱশ্যে আমাৰ ভিতৰত অধিক লোকে নিজৰ কম্পিউটাৰত ব্যৰ্থ ফাইল সংযোগ কৰি থৈছে। এনে ফাইল যাক সংযোগ কৰি ৰখাৰ কোনো কাৰণ নাই। সেই ফাইলত এনে নিৰৰ্থক প্লেন বা ৰেকৰ্ড আছে যিটো আউটডেটেড হয়, ভৱিষ্যতে দূৰ-দূৰণিলৈকে তাৰ কোনো প্ৰয়োজনীয় সম্ভাৱনা দেখা নাই। এনে পৰিস্থিতিত সেই অযথা ফাইলত কেৱল আপোনাৰ কামৰ ফাইলেই হেৰাই নাযায়, বৰং আপোনাৰ কম্পিউটাৰৰ গতিটো প্ৰভাৱ পৰে, যৰ পৰা তাৰ কাম কৰাৰ ক্ষমতা কমি যায়।

মস্তিস্কও কম্পিউটাৰৰ দৰে কাম কৰে। যদি আমাৰ চিন্তাধাৰা ইতিবাচক নহয়, তেনেহ'লে আমি আমাৰ মস্তিস্কৰূপী কম্পিউটাৰত বহু বছৰ পুৰণা বিফলতা, দূৰ্ঘটনা, নিৰাশাজনক পৰিস্থিতি, সংকটৰ সময়, প্ৰিয়জনৰ মৃত্যুৰ স্মৃতি, কটুতা, অপমান, ঈৰ্ষা আদিৰ ফাইল সংযোগ কৰি সময়ে-অসময়ে আমি সেই ফাইলক খুলি আমাৰ মূল্যৱান সময়ক অতীতৰ ব্যৰ্থৰ কথা ভাৱি নষ্ট কৰি দিওঁ। ইমানেই নহয়, যুৱ প্ৰজন্মই নিজৰ ভাবুকতাৰ বশত আদি ডাঙৰ-ডাঙৰ অযথা কাম কৰে। কিছুমান যুৱক-যুৱতীয়ে প্ৰেমৰ অসফলতাৰে ইমান দুখী হৈ যায় যে প্ৰেমী বা প্ৰেমিকাৰ লগত ঘটা ভাল-বেয়া ঘটনাৰ বেলেগ বেলেগ ফাইল প্ৰস্তুত কৰি লয় আৰু চব্বিশ ঘণ্টা তাক খুলি থাকে। কোনো ধৰণৰ কামত মন বহাব নোৱাৰে। দাড়ি-চুলি বঢ়াই দিয়ে। এনেদৰে দেখুৱাই যে নষ্ট হৈ গৈছে, লুটি গৈছে। এনে লোকক দেখি এনে লাগে যে নিজৰ প্ৰেম পোৱাটোৱেই তেওঁলোকৰ জীৱনৰ সকলোতকৈ ডাঙৰ লক্ষ্য আছিল আৰু যিহেতু তেওঁলোকে নিজৰ লক্ষ্যক

প্ৰাপ্ত কৰিব নোৱাৰিলে সেইকাৰণে নিজৰ জীৱনক নষ্ট কৰিব ধৰিছে। তেওঁলোকৰ চিন্তাধাৰাত কেৱল এটা কথাই সোমাই থাকে। মানসিক আৰু সামাজিক দৃষ্টিভঙ্গীৰে এইটো পাগলামী হয়, বুদ্ধিহীনতা হয়। আধ্যাত্মিক জগতো এনে প্ৰেমক স্থান নিদিয়ে। এই সকলোৰে পৰা গম পোৱা যায় যে এনে লোকে নাজনেই যে জীৱনৰ বাস্তৱিক অৰ্থ কি হয়?

প্ৰিয় বন্ধু! জীৱন এক যাত্ৰা হয় ইয়াত বিভিন্ন ধৰণৰ মানুহক লগ পোৱা যায় আৰু হেৰুৱাই দিয়া হয়। সুখো পায় লগতে দুখো। সংকটো আহে আৰু নতুন পথো খুলে, আশা-নিৰাশা, সফলতা-বিফলতা সকলো জীৱনৰ অঙ্গ হয়। গতিকে যি কোনো পৰিস্থিতিত ব্যক্তিক কোনো এটা পৰ্যায়ত ৰখিব নালাগে। মিলন-হেৰুওৱা, জীৱন-মৃত্যু, এই সকলো প্ৰকৃতিৰ নিয়ম হয় আৰু বুদ্ধিমান ব্যক্তিয়ে কোনো এটা ঘটনাক লৈ গোটেই জীৱন তাৰ ৰোমন্থনত বহি নাথাকে আৰু বহিবও নালাগে।

সজাগ আৰু সফল ব্যক্তিয়ে সময়ৰ লগত আগবাঢ়ে। যেতিয়া কোনোবাই সময়ৰ লগত তেওঁ নিজৰ চিন্তাধাৰা সলনি নকৰে আৰু পুৰণা ঘটনাৰ মাজত সোমাই থাকে, তেনেহ'লে তেওঁলোৰ মস্তিস্কত ভাল আৰু সফলতা দিয়া চিন্তাধাৰা সৃজন হ'ব নোৱাৰে। এনে লোক দুমোজাত পৰি অতীতৰ সেই অন্ধকাৰৰ গলিত ঘূৰি ফুৰে, যিটো তেওঁৰ বৰ্তমান জীৱনত কোনো গুৰুত্ব নাই। এই ধৰণৰ মানসিক সমস্যাই তেওঁৰ বৰ্তমান আৰু ভৱিষ্যত দুয়োকে নষ্ট কৰি দিয়ে আৰু তেওঁৰ জীৱন কোনো কামৰ নোহোৱা হৈ যায়। ভালদৰে চাওক আপুনিও এই শ্ৰেণীত নপৰেতো?

ইয়াত, প্ৰশ্ন উঠে যে আমি সেই স্মৃতিবিলাক আকৌ কিয় সজীৱ কৰি ৰাখিবলৈ চেষ্টা কৰো, যি বিলাক নষ্ট কৰি দিয়াটো উচিত হয়।

আপুনি অলপ নিজকে পৰীক্ষা কৰি চাওক যে আপুনি অসফলতাৰ কাৰণ এয়েনেকি যে আপোনাৰ মস্তিস্কই পুৰণা ঘটনা, স্মৃতি, কটু আদিৰ দোমোজাত পৰি গৈছে? যদি হয় তেনেহ'লে সাৱধান হৈ যাওক, আপুনি

অসফলতাৰ সাগৰত ডুবিব পাৰে। যি অতীতৰ অন্ধকাৰৰ পৰা ওলাই আহি জীৱনত সফলতাৰ পথৰ নিৰ্মাণত লাগি থাকে তেওঁক সময়ো স্বাগতম জনায়।

প্ৰিয় বন্ধু! আজি বিশ্ব তীব্ৰ গতিত আগবাঢ়িছে, সকলোৱে আগবাঢ়িব বিচাৰে। নতুন-নতুন টেকনীক, নতুন-নতুন সুযোগ, বহুতো সম্ভাৱনা দেখা দিব ধৰিছে। কিন্তু দেখা পোৱা গৈছে যে ইয়াৰ অনুপাতত যুৱ-প্ৰজন্মই উন্নতি কৰিব পৰা নাই। ইয়াৰ সকলোতকৈ ডাঙৰ কাৰণ চিন্তাধাৰাত নৱীনতা নাই। নতুন চিন্তাধাৰাই সেইকাৰণে জন্ম লব পৰা নাই কাৰণ মস্তিস্কত অতীত ৰূপী ব্যৰ্থতাৰ আৱৰ্জনা ভৰি আছে।

কোনো যুৱকক ভাল দৰমহাৰ কোনো চাকৰি পালে এনেদৰে ভাৱে যে -ইয়েই সফলতা হয়!

কল চেন্টাৰত হেজাৰ হেজাৰ যুৱক-যুৱতীয়ে কাম কৰে আৰু তাতেই থাকি যায়। তাকেই তেওঁলোকে লক্ষ্য বুলি মানি লয় আৰু ভৱিষ্যতৰ বাবে ভাৱিবলৈ বন্ধ কৰি দিয়ে। তেওঁলোকে নতুন চিন্তাধাৰা, নতুন পৰিকল্পনাৰ সৃজন কৰা বন্ধ কৰি দিয়ে।

সাৱধান, যেতিয়াই নতুন চিন্তাধাৰা সৃজন হোৱা বন্ধ হয়, তেতিয়াহ'লে জীৱনৰ বিকাশ হোৱাও বন্ধ হৈ যায়।

সতেজ উদাহৰণ সমুখত আছে। যেতিয়াই আমেৰিকাৰ দৰে ধনী দেশৰ আৰ্থিক অৱস্থা বেয়া হৈ গৈছে, তেনেহ'লে বিদেশী কোম্পানীৰ ভেতি দুৰ্বল হৈ গৈছে আৰু কল চেন্টাৰত কাম কৰা হেজাৰ হেজাৰ যুৱক-যুৱতী নিবনুৱা হৈ গৈছে। আজিও সেই অৱস্থাতেই তেওঁলোক আছে যৰ পৰা তেওঁলোকে আগবঢ়া আৰম্ভ কৰিছিল।

এনে যুৱক-যুৱতীয়ে ভাল সময়ত আৰু আগবাঢ়ি যাবলৈ কোনো

পৰিকল্পনা প্ৰস্তুত কৰা নাছিল। কিন্তু এনে কিছুমান যুৱক-যুৱতি আগবাঢ়িছে যি এনে ধৰণৰ লোভনীয় আৰু সুবিধাজনক চাকৰি গ্ৰহণ কৰিছে, কিন্তু কেৱল ওপৰলৈ যোৱাৰ এক চিঢ়িৰ ৰূপত। তেওঁলোক, সেই লোক সকল আছিল যি নিজৰ প্ৰগতিক লৈ চিন্তাধাৰা উচ্চ আছিল, ইতিবাচক আছিল আৰু যি একে ঠাইতে ৰখি থকা পছন্দ কৰা নাছিল। সেই যুৱক-যুৱতী কেৱল ময়েই নহয় আপুনিও আগবাঢ়ি যোৱা দেখিছে বোধহয়। তেওঁলোক আমাৰ ওচৰে-পাঁজৰে আছে আৰু আগতকৈ ভাল অৱস্হাত আছে। তেওঁলোকে বহুতৰ হৃদয়ত আশাৰ শলিতা জ্বলাইছে।

অৱশ্যে, এইখন কিতাপক লিখাৰ মোৰ উদ্দেশ্য হৈছে আজি আপুনি যি কাম কৰি আছে তাক বন্ধ কৰি নিদিব, বৰং মই কব বিচাৰিছো যে অলপ ডাঙৰ চিন্তা কৰক, সফল হোৱাৰ কথা ভাৱক। সমাজত কিছু বেলেগ কৰাৰ কথা ভাৱক, আপোনাৰ বৰ্তমান অৱস্হাক শ্ৰেষ্ঠ কৰাৰ কথা ভাৱক। মোৰ কোৱা অৰ্থ হৈছে এনে কিছু কাম কৰাৰ কথা ভাৱিব লাগে যিটো কৰাৰ পিছত আপুনি নিজৰ ওপৰত গৌৰৱ অনুভৱ কৰিব।

প্ৰিয় বন্ধু! মই কব বিচাৰো যে,

"চিন্তাধাৰা যদি নিৰ্মাণাত্মক হয়, ইতিবাচক হয়, তেনেহ'লে আপুনি সফলতা পাব পাৰে, যদি ৰখি গৈছে, ভাগৰি পৰিছে তেনেহ'লে আপুনি পিছ পৰি যাব আৰু গাতত পৰি যাব পাৰে।"

নেতিবাচক আৰু বিধ্বংসাত্মক বিচাৰে আপোনাৰ জীৱনৰ সকলো দিশক নষ্ট কৰি দিয়ে। অতীতৰ বেয়া ঘটনাক সংযোগ কৰি ৰখাৰ আপোনাৰ মনোভাৱে আগবাঢ়ি যোৱাৰ আপোনাৰ সকলো ৰাস্তাক ৰখাই

দিছে। গতিকে মোৰ সকলো বুদ্ধিমান আৰু সজাগ পাঠক সকলক মই আপিল কৰিছো যে আপোনাৰ চিন্তাধাৰৰ শক্তিক সমৃদ্ধ কৰক। আপোনাৰ মস্তিস্কত উচ্চ আৰু ইতিবাচক চিন্তাধাৰা স্থান দিয়ক। উচ্চ চিন্তাধাৰাই আপোনাক ওপৰলৈ লৈ যাব।

অসমজঞ্চ আৰু নিৰাশাৰ পলহুৱা মাটিত ঘেৰি থকাতকৈ আপুনি সেই পলহুৱা মাটিৰ পৰা ওলাই অহাৰ উপায়ৰ কথা ভাবক আৰু আপোনাৰ সমস্যা আৰু চিন্তাক বুদ্ধি সততাৰে সম্মুখীন কৰক।

---●---

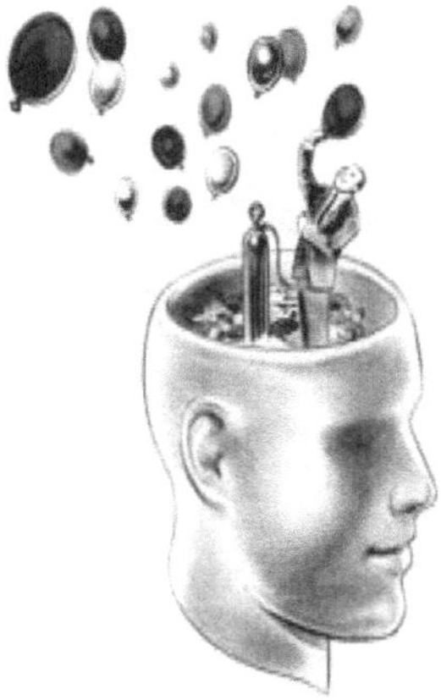

শক্তিক, দুৰ্বলতাৰ বিষয়ে অৱগত হওক

✍ প্ৰিয় বন্ধু! চিন্তাধাৰাৰেই আমি আমাৰ সংসাৰ স্হাপন কৰো আৰু আমাৰ চিন্তাধাৰা অনুসাৰেই এইখন সংসাৰে আমাক ফল দিয়ে।

এটা পুৰণা কাহিনী আছে-

এজন কম পঢ়া-লিখা যুৱকক পৰিয়ালৰ ফালৰ এখন জাহাজ পায়। তেওঁৰ সমুদ্ৰ আৰু জাহাজ দুয়োৰে বিষয়ে একো জ্ঞান নাছিল। তেওঁ মনত ভাৱিলে যে তেওঁ সমুদ্ৰৰ যাত্ৰা কৰিব আৰু জাহাজৰ কেপ্তেইনো তেওঁ নিজে হ'ব। এদিন তেওঁ জাহাজ লৈ সমুদ্ৰী যাত্ৰা আৰম্ভ কৰে। কেপ্তেইনৰ দায়িত্ব তেওঁ নিজে ললে। কেপ্তেইনৰ বিষয়ে তেওঁৰ কোনো অভিজ্ঞতা নাছিল, সেইকাৰণে তেওঁ মনে মনে ভয়ভীত হৈছিল। জাহাজ সমুদ্ৰত গতি কৰিব ধৰে। কেপ্তেইন ডাঙৰীয়াই জাহাজৰ গতি কমা দেখি ডেকলৈ গৈ পায়। তাত তেওঁ দেখে যে এজন ব্যক্তিয়ে ডাঙৰ চক্ৰক ইফালে-সিফালে ঘূৰাই আছে।

কেপ্তেইনে যেতিয়া সেই বিষয়ে সুধে তেতিয়া তেওঁক কোৱা গ'ল যে জাহাজৰ গুৰি ধৰোতা সেই ব্যক্তি হয় আৰু তেওঁৱেই জাহাজক সঠিক দিশলৈ লৈ যায়। কেপ্তেইনে একো বুজি নাপালে। তেওঁ ক'লে-"মোৰ এনে লাগিছে যে এইজন ব্যক্তিৰ ইয়াত কোনো ধৰণৰ প্ৰয়োজনীয়তা নাই। জাহাজৰ পালেই জাহাজক আগবঢ়াই লৈ যাবৰ বাবে যথেস্ট। পাল খুলি দিয়া আৰু জাহাজক নিজে নিজে আগবাঢ়িব দিয়া।"

কেপ্তেইনৰ আজ্ঞাৰ পালন কৰে কিন্তু তাৰ পিছত যি দূৰ্ঘটনা হ'ল আৰু যি কেইজন মান লোক বাচি যায়, তেওঁলোকে সেই মূৰ্খ কেপ্তেইনক জীৱনভৰ পাহৰিব নোৱাৰিলে। আপোনাৰ মনত আছেনে সেই কেপ্তেইনে কি কৈছিল। তেওঁৰ কথাক আকৌ এবাৰ শুনক "গুৰি ধৰোতাৰ কোনো প্ৰয়োজনীয়া নাই আৰু জাহাজক নিজে নিজে গতি কৰিব দিয়া।"

এতিয়া অলপ ভাৱক যে সেই কেপ্তেইনৰ দৰে আজি আমিও আমাৰ জীৱনক গুৰি ধৰোতাবিহীন এৰি দিয়া নাইতো। আমি কেতিয়াবা আমাৰ মনৰ গুৰি ধৰোতাক, আমাৰ জীৱনৰ গুৰি ধৰোতাক আমি হাতত ধৰিবলৈ চেস্টা কৰিছোনে? কেতিয়াবা আমি আমাৰ মনক বশ কৰি তাক নিজৰ ইচ্ছানুসাৰে চলোৱাৰ চেস্টা কৰিছোনে? আমি কেতিয়াবা সেই উশৃংখলাত কোনো বাধা দিছোনেকি অথবা ই ইফালে-সিফালে পলাই যোৱাত এৰি দিছোনেকি? আমাৰ মন ক্ৰোধ অথবা অন্য বিকাৰৰ বশীভূত হৈ ইফালে-সিফালে পলাই নুফুৰেনে?

সদায় দেখিবলৈ পোৱা যায় যে আমাৰ অনিয়ন্ত্ৰিত মনে আমাক সেই পথৰ পৰা দূৰলৈ লৈ যায়, যিটো আমি বহুত ভাৱি-চিন্তি বাচনি কৰিছিলো আৰু যাৰ ওপৰত আমি আমাৰ জীৱনক সজোৱাৰ সিদ্ধান্ত লৈছিলো? আমি আমাৰ মনক কিয় নিয়ন্ত্ৰিত কৰি ৰাখিব নোৱাৰো?

ইয়াৰ প্ৰত্যক্ষ্য কাৰণ হৈছে আমি আমাৰ পৰিস্হিতি আৰু ক্ষমতাৰ

বিষয়ে ভালদৰে নাজানো। জাহাজৰ কেপ্তেইনৰ দৰে অবুজন হৈ সিদ্ধান্ত লওঁ। যি কামক আমি কৰিব নাজানো বা সেই বিষয়ে ভালদৰে নাজানো, তাৰ ওপৰটো আমি অযথাকে শাসন কৰো।

যেতিয়ালৈকে আমি পৰিস্থিতিৰ লগত তালমিল কৰাৰ যোগ্য নহওঁ, তেতিয়ালৈকে পৰিস্থিতি আমাৰ নিয়ন্ত্ৰণৰ বাহিৰত থাকে। যেতিয়াই পৰিস্থিতি আমাৰ নিয়ন্ত্ৰণত আহে, আমাৰ সফলতাৰ যাত্ৰা আৰম্ভ হৈ যায়।

মনত ৰাখিবঃ

"সফলতাৰ জাহাজ বৰ্তমান পৰিস্থিতিক চায়,
তাৰ আধাৰত দিশ নিৰ্ধাৰণ কৰি পৰিশ্ৰম আৰু
সাৱধানেৰে লক্ষ্যলৈ গৈ পাব পাৰো।"

---●---

জগতৰ সকলো সফল লোকে
সদায় এক শিল্পকাৰৰ দৰে
নিজৰ চিন্তাধাৰাক তেওঁলোকৰ
বুদ্ধি সততা আৰু পৰিশ্ৰমৰ
তুলা-ছালনিৰে জুখিছে।

-সূৰ্য সিন্‌হা

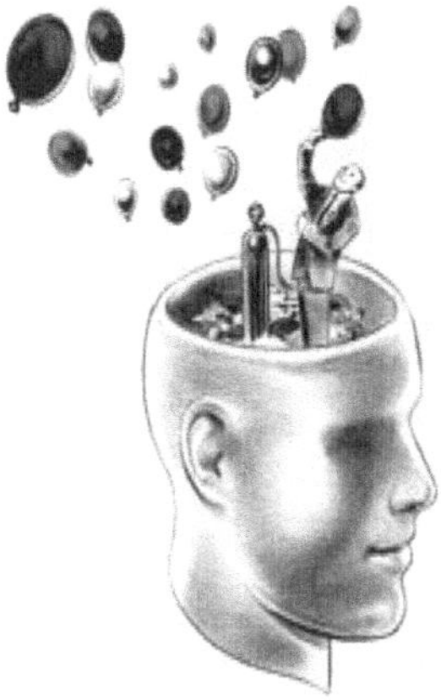

নিজৰ চিন্তাধাৰাৰ ওপৰত নিয়ন্ত্ৰণ

✍ যি ব্যক্তিৰ ওচৰত জীৱনত সুখ-সমৃদ্ধি, শান্তি আৰু আনন্দ থাকে, তেওঁৰ ওচৰত অভাৱ আৰু সংকট নাহে। আনৰ বাবে তেওঁ প্ৰেৰণাৰ এনে শলিতা হয়, যাৰ প্ৰকাশত সকলোৱে অলোকিত হ'ব বিচাৰে। যদি আপুনিও সুখ-সমৃদ্ধি, শান্তি আৰু সফলতা বিচাৰে তেনেহ'লে সকলোতকৈ প্ৰথমে আপুনি আপোনাৰ চিন্তাধাৰাৰ ওপৰত নিয়ন্ত্ৰিত কৰিব লাগিব।

অধিকাংশ লোকে এনেদৰে ভাৱে যে মনৰ প্ৰবৃত্তিৰ ওপৰত নিয়ন্ত্ৰণ ৰখাটো কঠিন হয়। তেওঁলোকে ভাৱে চিন্তাধাৰাৰ বিশ্লেষণ কৰাটো সময়ৰ ব্যৰ্থ কৰা হয়। এনে ভাৱ ভুল হয়। লাগিলে কোনো ব্যক্তিয়ে বহুত অজ্ঞানী হ'লেও, অসংস্কৃত হ'লেও, অল্পশিক্ষিত হ'লেও, ইমান সামৰ্থ্য তেওঁৰো নিশ্চয় থাকে যে তেওঁ নিজৰ চিন্তাধাৰাক জানিব পাৰে, নিজৰ চিন্তাধাৰাৰ বুজিব পাৰে, তাৰ বিশ্লেষণ কৰিব পাৰে আৰু তাৰ অনুৰূপে নিজৰ স্বভাৱ, নিজৰ ক্ৰিয়া-কলাপ, নিজৰ চৰিত্ৰ আৰু নিজৰ জীৱনত পৰিৱৰ্তন আনিব পাৰে।

যিদৰে, প্ৰত্যেক ব্যক্তিৰ সমস্যা অন্য ব্যক্তিতকৈ ভিন্ন হয়, যি বিলাক নিজেই সকলো সমাধান কৰিব লাগে, সেইদৰে প্ৰত্যেক ব্যক্তিৰ লক্ষ্যও ভিন্ন হয়। কিন্তু চিন্তাধাৰাক শুধৰোৱা আৰু তক নিজৰ লক্ষ্যৰ অনুকূল কৰাৰ প্ৰক্ৰিয়া সকলোৰে বাবে একে যেন লাগে।

যি ব্যক্তিয়ে নিজৰ চিন্তাধাৰাক বশ কৰিব নোৱাৰে, যি পুৰণা চিন্তাধাৰাক এৰি নতুন চিন্তাধাৰাৰ সৃজন কৰিব নোৱাৰে, যি নিজৰ প্ৰবৃত্তি আৰু ক্ৰিয়া-কলাপক সলনি কৰিব নোৱাৰে, তেওঁলোকে এইটোও নাজানে যে সৌন্দৰ্য্য, সফলতা আৰু প্ৰসন্নতাৰ সৃজন কেনেদৰে হয়, আচলতে তেওঁলোকৰ মনৰ লেকাম তেওঁলোকৰ হাতত নাথাকে। এনে ব্যক্তি 'যি হ'ল হৈ গ'ল' মানসিকতাত জীয়াই থাকে।

মনত ৰাখিবঃ

যি হৈ গ'ল, সেইটো ঠিক নহয়। ঠিক সেইটো হয়, যি ভৱিষ্যতে হ'ব।

যদি এজন মূৰ্তিকাৰে শিলত নভৱা-নিচিন্তাকৈ আঘাত কৰে আৰু ভাৱে যে যি হৈছে, ঠিকেই হৈছে, তেনেহ'লে আপুনি কল্পনা কৰিব পাৰে যে পৰিণামস্বৰূপে আমি ভাল মূৰ্তি দেখিব নাপাম। সঠিক শিল্পকাৰে সমস্ত ধ্যান নিজৰ লক্ষ্যৰ সৰু সৰু বিন্দু তথা সৰু-সৰু ৰেখাৰ ফালে দিয়ে তেওঁ শিলত আঘাত কৰি তেওঁৰ সপোনক বাস্তৱৰ ৰূপ দিয়া কথা ভাৱে। তেওঁৰ অন্তকৰণত মূৰ্তিৰ যি ৰূপ দেখিছে, শিলত দিয়া সকলো আঘাতক সেই ৰূপত দিয়ে আৰু তাৰ পৰিণামেই হয় যে মূৰ্তিকাৰে তেনেকুৱা মূৰ্তি নিৰ্মাণ কৰে, যাৰ তেওঁ কল্পনা কৰিছিল। কিন্তু এনেদৰে তেতিয়া সম্ভৱ হয়, যেতিয়া মূৰ্তি নিৰ্মাণ কৰা সময়ত তেওঁৰ দৃষ্টি অলপো ইফালে-সিফালে নাযায় তথা তেওঁৰ ধ্যান পূৰ্ণৰূপে একাগ্ৰ হৈ থাকে। তেতিয়া তেওঁৰ চিন্তাধাৰাৰ অনুৰূপে মূৰ্তি নিৰ্মাণ কৰিব পাৰে।

জীৱনো কোনো মূৰ্তিৰ দৰে সুন্দৰ হয়, ইয়াৰ বাবে আৱশ্যক হয় যে

আপুনি ইতিবাচক চিন্তাধাৰাৰ আৰু বুদ্ধি সততাৰে হাঠুৰিৰে একাগ্ৰ হৈ তাক নিৰন্তৰে সজায় থাকক।

নিজৰ চিন্তাধাৰাৰ আৰু চৰিত্ৰত সংশোধনৰ বাবে আপুনিও মূৰ্তিকাৰৰ দৰে চেষ্টা কৰিব লাগিব, কটা-মেলা কৰিব লাগিব, স্পষ্ট নিৰ্ণয় লব লাগিব যে আপুনি কি কৰিব বিচাৰে আৰু কেনেদৰে তাক কৰিব বিচাৰে? তাৰ পিছত লক্ষ্য প্ৰাপ্তিৰ বাবে, আপোনাৰ কল্পনাক বাস্তৱিক ৰূপ দিবৰ বাবে বুদ্ধি সততাৰে কঠোৰ পৰিশ্ৰম আৰু চেষ্টা কৰিব লাগে তেতিয়াহে আপুনি শ্ৰেষ্ঠতা প্ৰাপ্ত কৰিব পাৰিব আৰু তেতিয়া আপোনাৰ জীৱন সুন্দৰ হ'ব পাৰে। ইয়াৰ বাবে এই সুন্দৰ উক্তিক মনত ৰাখক-

আপোনাৰ প্ৰত্যেক চিন্তাধাৰাই কেৱল আপোনাৰেই নহয়, বৰং আনৰ উন্নতিৰ বাবেও হয়, তেতিয়াহে আপুনি দৃঢ় ইচ্ছাশক্তিৰে আপোনাৰ কাৰ্যশক্তিক পৰিকল্পিত কৰি আপোনাৰ কল্পনাৰ অনুৰূপে সফলতা প্ৰাপ্ত কৰিব পাৰে।

উপৰোক্ত উক্তিক গ্ৰহণ কৰাৰ লগতে সাৱধান হোৱাৰো আৱশ্যক হয়।

ইয়াৰ কাৰণ হৈছে আপুনি লাগিলে যিমান সৎ আৰু নিষ্ঠাৰে আপোনাৰ চিন্তাধাৰাক নিয়ন্ত্ৰিত কৰে, কিন্তু আপোনাৰ পুৰণা অভ্যাস আৰু চিন্তাধাৰাৰ কৰাৰ পুৰণা শৈলীয়ে আপোনাৰ চিত্তৰ একাগ্ৰতাক নিশ্চয় বিচলিত কৰিব। কিন্তু আপুনি বিচলিত হ'ব নালাগে আৰু এই তথ্যক সদায় মনত ৰাখিব লাগে যে যাৰ চিন্তাধাৰাৰক বশ কৰিব নোৱাৰে, তেওঁ নিজৰ আদৰ্শৰ অনুৰূপত কি কাম কৰিব? যদি আপুনি এনেদৰে কৰিব পাৰে তেনেহ'লে মোৰ দৃঢ় বিশ্বাস আছে যে আপুনি আপোনাৰ আদৰ্শ বা লক্ষ্যত নিশ্চয় উপণিত হ'ব।

মই পঢ়িছিলো-

"যদি মাক-পিতাকে নিজৰ সন্তানক আদেশ দিয়াৰ পৰিবৰ্তে চিন্তাধাৰাৰ ওপৰত নিয়ন্ত্ৰণ কৰাৰ প্ৰক্ৰিয়াই শিকাই দিয়ে, তেনেহ'লে ইয়াৰ পৰা নৱ প্ৰজন্মক সুপথলৈ যোৱাত তেওঁলোকক সফল ব্যক্তিৰ ৰূপত দিয়াতো সহজ হৈ যাব। যদি সন্তানক জানিব দিয়া যায় যে তেওঁলোকে কেনেদৰে শ্ৰেষ্ঠ চিন্তাধাৰক নিজৰ মনত স্থান দিব পাৰে তথা বেয়া চিন্তাধাৰক নিজৰ মনৰ পৰা আতৰাই দিব পাৰে আৰু কেনেদৰে তেওঁলোকে নিজৰ মনত নিয়ন্ত্ৰণ কৰিব পাৰে, তেনেহ'লে আপোনাৰ সন্তানক আদেশ নমনতাত দণ্ড দিয়াৰ কোনো আৱশ্যকতা নাথাকিব। এনে কাৰ্যৰ পৰা সন্তানৰ হৃদয় নিৰ্মল হ'ব, তেওঁলোকৰ ব্যৱহাৰ সত্যৰে পৰিপূৰ্ণ হ'ব, তেওঁলোকৰ মাজত কোনো ধৰণৰ হীনভাৱনা নাথাকিব আৰু তেওঁলোকক কোনো কথা লুকাই ৰখাৰ প্ৰয়োজনীয়তা নাথাকিব।"

এই কথন আমি জ্যেষ্ঠৰ ওপৰটো প্ৰযোজ্য হয়। পাহৰি নাযাব, মনক

বশ কৰাৰ আনটো নামেই আত্মসংযম হয়। যিয়ে নিজৰ মনক বশ কৰি লয়, যিয়ে নিজৰ মনক সজাব পাৰে, তেনেহ'লে তেওঁ নিজৰ জীৱনক সজাব পাৰিব। এনে ব্যক্তিক নিজৰ উদ্দেশ্য সফলতাত অলপো সন্দেহ থাকিব নালাগে। সফলতা তেওঁৰ ভৰি শীঘ্রে স্পর্শ কৰিব।

মনত ৰাখিবঃ

"যি লোকে এইখন জগতত সফল হৈছে, তেওঁলোকে নিজৰ মনৰ পৰিস্থিতিৰ বিষয়ে অৱগত হয় আৰু যদিও তেওঁলোকে তেনেকুৱা পৰিস্থিতি নাপায়, তেতিয়া সেই পৰিস্থিতিকো নিজৰ ইতিবাচক চিন্তাধাৰাৰে নিজৰ অনুকূল কৰি লয়।"

---●---

যদি আপুনি সফলতা পাব বিচাৰে, তেনেহ'লে আপোনাৰ চিন্তাধাৰা আজিৰ চিন্তাধাৰা আৰু আৱশ্যকতাৰ অনুসাৰে পৰিৱৰ্তন কৰক। চিন্তাধাৰাৰ আপডেট কৰি থাকক। তাত ইতিবাচকতা স্হান দিয়ক, যিটো সফলতা আৰু সমৃদ্ধিৰ ৰহস্য হয়।

-সূৰ্য সিন্‌হা

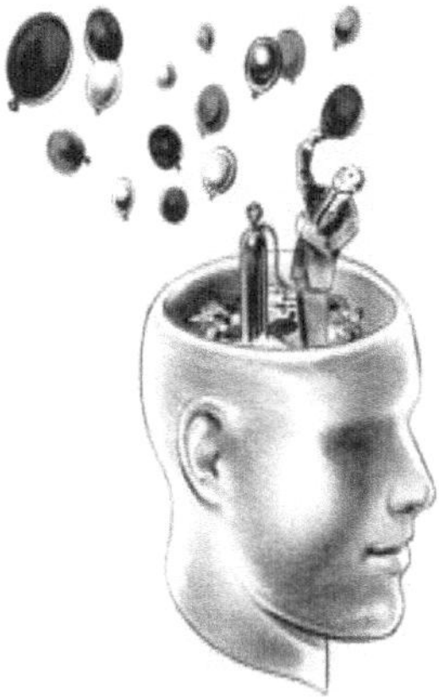

চিন্তাধাৰাক সলনি কৰি সফলতা পাওক

✍ দেখা পোৱা যায় যে যি কোনো ব্যক্তিক কেতিয়াও শীঘ্ৰে সফলতা নাপায়। এক দীঘলীয়া প্ৰক্ৰিয়াৰ পিছতহে সফলতা প্ৰাপ্ত কৰে। লগতে ইয়াৰ বাবে ধৈৰ্য্য, বুদ্ধি সততাৰে কঠিন পৰিশ্ৰম আৰু দীঘলীয়া সাধনাৰ আৱশ্যক হয়। এই তিনিটা গুণৰ লগতে ইতিবাচক চিন্তাধাৰাক স্থান দিব লাগিব। কিন্তু চিন্তাধাৰাক ইতিবাচক কৰাতো বহুত সহজ নহয় বৰং কঠিন হয়। কাৰণ এনেদৰে কৰিবৰ বাবে ইয়াত পৰিৱৰ্তনক স্বীকাৰ কৰিব লাগে আৰু পৰিৱৰ্তন সকলোৱে স্বীকাৰ কৰিব নোৱাৰে।

চিন্তাধাৰাত পৰিৱৰ্তন কৰিবৰ বাবে ব্যক্তিয়ে নিজৰ কিছুমান মূলভূত অভ্যাস আৰু স্বভাৱৰ কিছুমান বিসংগতিক এৰিব লাগিব। আমি ইয়াৰ বাবে সাজুনে? কিন্তু তাতকৈ প্ৰথমে জানিব লাগে যে পৰিৱৰ্তন কি হয়?

ইয়াক এনেদৰে কব পাৰি যে নৱীনতাৰ জন্ম, ইয়েই পৰিৱৰ্তন হয়। অৰ্থাৎ পৰিৱৰ্তন আন এটা জন্মৰ সমান হয়।

যিদৰে আজি দিনক দিনে ব্যক্তিৰ উচ্চাকাংক্ষী বাঢ়িছে, যিদৰে আজিৰ আৱশ্যকতাই ব্যক্তিক বাৰে বাৰে নতুন আৰু বেলেগ চিন্তাধাৰাৰ প্ৰত্যাহ্বান জনাইছে, সেইদৰে সময়ৰ অনুসাৰে ব্যক্তিক নিজৰ চিন্তাধাৰাকো সলনি কৰিব লাগে। পুৰণা আৰু ভাগৰুৱা চিন্তাধাৰাই আপোনাক একো দিব নোৱাৰে। চিন্তাধাৰাক সলনি কৰাৰ অৰ্থ হ'ল- চিন্তাধাৰাত বৈপ্লৱিক পৰিৱৰ্তন অনা। এক নতুন চিন্তাধাৰা আৰু নতুন দৃষ্টিভঙ্গীক জন্ম দিয়া।

কোনোবাই ঠিকেই কৈছে-

"পৰিৱৰ্তনেই সৃষ্টি আৰু জীৱন হয়
কিন্তু স্হিৰ হোৱাতো মৃত্যু হয়।"

চিন্তাধাৰাত পৰিৱৰ্তন কৰাটো কঠিন যেন লাগে, কিন্তু ই অসম্ভৱ নহয়। কেৱল ইমানেই কৰিব লাগে যে আমি নিজে পৰিৱৰ্তনৰ বাবে আগবাঢ়িব লাগে তথা এই পৰিৱৰ্তনৰ বাবে মনৰ পৰা জাগিব লাগিব।

আজিৰ সমাজলৈ লক্ষ্য কৰি যুৱ-প্ৰজন্মক এই কথা গমেই নাপায় যে তেওঁলোকৰ চিন্তাধাৰাত সংশোধন বা পৰিৱৰ্তনৰ আৱশ্যকো হয়। তেওঁলোকে এনেদৰে ভাৱি জীৱন সমাপ্ত কৰি লয় যে তেওঁলোকে যেনেদৰে ভাৱে, সেয়া শুদ্ধ সঠিক হয়। এনে চিন্তাধাৰাৰ পৰা কেতিয়াও আত্মবিশ্বাস বাঢ়িব নোৱাৰে। নিজকে সদায় সকলোতকৈ উত্তম আৰু শ্ৰেষ্ঠ বুলি ভৱাটো এক ডাঙৰ ভুল হয়।

নিজকে উত্তম আৰু শ্ৰেষ্ঠ বুলি ভৱাৰ এই ভুলৰ কাৰণে ব্যক্তিয়ে নিজৰ চিন্তাধাৰাক পৰিৱৰ্তন কৰিব নোৱাৰে। আজি পৰিস্হিতি তীব্ৰ গতিত পৰিৱৰ্তন হৈছে। নিত নতুন নতুন প্ৰয়োগ হৈ আছে, সদায় নতুন পৰিস্হিতি উৎপন্ন হৈছে আৰু নষ্টও হৈছে, এনে পৰিস্হিতিত যদি আপুনি সময়ৰ অনুসাৰে আপোনাৰ চিন্তাধাৰা, আপোনাৰ দৃষ্টিভঙ্গী পৰিৱৰ্তন নকৰে, তেনেহ'লে গোটেই জীৱন পিছ পৰি থাকিব। ইয়াক এনেদৰে বুজিব পাৰে যে সময়ে সময়ে যদি কোনো শক্তিশালী ভৱনৰ পুনৰ নিৰ্মাণ নকৰে,

ভালদৰে চোৱাচিতা নকৰে, তেনেহ'লে লাহে লাহে সেই ভৱন খহি পৰি যাব। এইদৰে যদি সময়ৰ অনুসাৰে চিন্তাধাৰাক পৰিৱৰ্তন নকৰে, ইতিবাচক নহয়, তেনেহ'লে ব্যক্তিও নৰকলৈ গমন কৰে।

পৰিশ্ৰমৰ নকৰা, সকলো কামক কঠিন বুলি ভৱা, সৰু সৰু অসফলতাত নিৰাশ হৈ যোৱা, নিস্পক্ষ ভাৱেৰে নিজৰ মূল্যাংকন নকৰা বা নিজকে শ্ৰেষ্ঠ বুলি ভৱা, আনৰ পৰামৰ্শ আৰু আলোচনাক দৃষ্টি নিদিয়া তথা নিজৰ অহংকাৰৰ চিকাৰ হৈ নিজৰ মতে কাম কৰা আদি প্ৰবৃত্তি অসফল লোকৰ লক্ষণ হয়। এইদৰে ব্যৱহাৰে এনেদৰে দৰ্শাই যে আমি আমাৰ মস্তিস্কত ভাল কথাৰ প্ৰৱেশত বাধা লগাই ৰাখো। এনে ব্যক্তিয়ে যি কোনো ক্ষেত্ৰত, যি কোনো দৈনিক কামত, ইয়ালৈকে যে পৰিয়ালৰ দায়িত্বও বহন কৰিব নোৱাৰে।

কিছুমান লোকে কয় যে যদি চিন্তাধাৰা ইতিবাচক হয় তেনেহ'লে তাত পৰিৱৰ্তনৰ কি প্ৰয়োজন? কিন্তু দেখা পোৱা যায় যে সকলো লোকে নিজৰ চিন্তাধাৰা শুদ্ধ বুলি ভাৱে, লাগিলে তেওঁ যিমান ভুল কৰিলেও। আমাৰ চিন্তাধাৰা কিমান শুদ্ধ আৰু কিমান শ্ৰেষ্ঠ হয়, ইয়াক জানিবৰ বাবে বহুত উন্নত উপায় আছে আৰু সহজতে ইয়াক জানিব পাৰি যে আমাৰ চিন্তাধাৰা কিমান শুদ্ধ আৰু কিমান ভুল হয়। আপুনি নিজৰ আকলন নিজে কৰক আৰু নিস্ঠাৰে সিদ্ধান্ত কৰক। ইয়াৰ উত্তৰ আপুনি নিজেই পাব।

---●---

কেতিয়াও নিজৰ আভ্যন্তৰিণ শক্তিক দুৰ্বল বুলি বিশ্লেষণ নকৰিব। আপুনি নিজকে যিমান জানে, তাতকৈ কেইবা গুন শক্তি, সামৰ্থ্য আৰু যোগ্যতা আপোনাৰ ভিতৰত লুকাই থাকে যাৰ বিষয়ে আপুনি আজিলৈকে জনা নাই।

-সূৰ্য সিন্‌হা

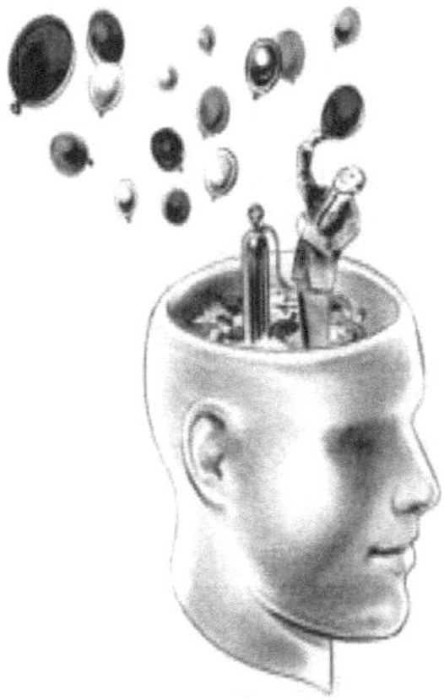

আপোনাৰ শক্তি আৰু যোগ্যতাক জানক

✍ আমি মনাৱ জাতিয়ে নিশ্চিত ৰূপে নিজকে প্ৰকৃতিৰ সকলোতকৈ ডাঙৰ বৰদান বুলি ভাৱো আৰু এনেদৰে কোৱা যায়। 'দেৱতাও মনুষ্যৰ যোনিত আহিবলৈ তৎপৰ হৈ থাকে'-এনে চিন্তাধাৰা আৰু ভাৱনাক পুষ্প অৰ্পণ নকৰে, কিন্তু-

আমি আমাৰ আভ্যন্তৰিণ শক্তিক ভালদৰে জানোনে ?

আমি আমি জীয়াই থকাৰ অৰ্থ কি হয় এই বিষয়ে জানোনে ?

আপুনি চাৰিওফালে দৃষ্টি যেতিয়া দিব তেতিয়া পাব যে আজি অধিকাংশ যুৱক-যুৱতী নিৰাশাত ডুবি আছে। ইয়াৰ সকলোতকৈ মুখ্য কাৰণ হৈছে তেওঁলোকে নিজৰ আভ্যন্তৰিণ শক্তিৰ বিষয়ে নাজানে। সেই কাৰণে তেওঁলোকে নিজৰ মনত ঘোৰ নিৰাশাক পালি লৈছে। তেওঁলোকে কোনো ব্যক্তিৰ অলপ সম্পত্তি, অলপ বৈভৱ, পদ আৰু প্ৰতিষ্ঠাক দেখি

এনেদৰে অনুমান লগাই যে অমুক ব্যক্তি ভাগ্যৰ ধনী হয়। তেওঁলোকে ভাৱে যে সেই ব্যক্তি ইমান কেনেদৰে সফল হ'ল? তেওঁলোকে সফল ব্যক্তিৰ লগত নিজকে তুলনা কৰি নিজকে নিৰাশাত ডুবাই দিয়ে। আচলতে ই তেওঁলোকৰ অজ্ঞানতা হয়। তেওঁলোকে গম নাপায় যে তেওঁলোকৰ গাতো এনে অনেক শক্তি, সমাৰ্থ্য আৰু যোগ্যতা আছে, যাৰ সঠিক সময়ত প্ৰয়োগ কৰি সেই সফল ব্যক্তিতকৈ বেছি সফল হ'ব পাৰে। তেওঁলোকে নিজৰ শক্তিৰ বিষয়ে নাজানে আৰু নিজৰ যোগ্যতাৰ জ্ঞান নাথাকে। এই অজ্ঞানতাৰ কাৰণে তেওঁলোকৰ শক্তি প্ৰথমে ক্ষীণ আৰু অন্ততঃ ব্যৰ্থ হৈ যায়। তেওঁলোকে নিজৰ অসীম শক্তিৰ উচিত ব্যৱহাৰ কৰিব নোৱাৰে নিজকে অসফল বুলি ভাৱি হতাশ হৈ বহি থাকে। এনেদৰে নিজৰ লগত অত্যাচাৰ কৰে আৰু এই অত্যাচৰৰ পৰা মুক্ত হ'বৰ বাবে আপুনি জাগিব লাগিব। জাগি নিজকে আৰু আপোনাৰ শক্তিৰ বিষয়ে জানিব লাগিব।

যেতিয়া মই নিৰাশাৰ সময় কটাইছিলো তেতিয়া মই 10 দিনীয়া ধ্যান সাধনা (বিপাসনা) ৰ বাবে গৈছিলো আৰু 10 দিনলৈকে ধ্যান সাধনাৰ দ্বাৰা নিজকে জানিবলৈ প্ৰয়াস কৰি থাকো, তাত গৈ মই গাম পালো যে-

"যি মনৰ পৰা জাগে, তেওঁৰ বাবে কোনো অভাৱ নাই। তেওঁ নিজে পৰমাত্মাৰ অনুভৱ কৰে। অভাৱ তেওঁৰ লগত নাই, নিজৰ প্ৰতি মূৰ্চ্ছাত আছে। মই শুই আছো-এইটোৱেই অভাৱ। মই জাগি গ'লে অভাৱ তেনেদৰে পলাই যাব যেনেদৰে সূৰ্য উদয় হ'লে অন্ধকাৰ আতৰি যায়।"

গতিকে প্ৰিয় বন্ধু! জাগক আৰু নিজৰ ক্ষমতা আৰু আপোনাৰ যোগ্যতাক জানক।

শক্তি আৰু যোগ্যতাৰ পিছত থকা আন এটা দিশ হৈছে-বিশ্বাস।

যাক কেৱল নিজৰ ওপৰতেই বিশ্বাস নাথাকে বৰং সেই সৰ্বশক্তিমান পৰমেশ্বৰ ওপৰটো বিশ্বাস নাথাকে যিয়ে সৃষ্টিৰ ৰচনা কৰিছে। সেইকাৰণে তেওঁলোকে নিজকে যোগ্য, তুচ্ছ আৰু সফল বুলি ভাৱে।

মন দিলে গম পোৱা যায় যে তেওঁলোকৰ এই অৱস্হাৰ কাৰণে তেওঁলোকেৰ চিন্তাধাৰাই দায়ি হয়। বেলেগ অৰ্থত কব গ'লে তেওঁলোকে নিজৰ মনত নেতিবাচক চিন্তাধাৰাক স্হান দিয়ে, কিন্তু সফলতাৰ বাবে মনত ইতিবাচক চিন্তাধাৰা, আশা, প্ৰসন্নতা আৰু উল্লাসৰ আৱশ্যক হয়।

ইয়াক জানি লওক যে এই প্ৰকৃতিৰ বহুত ডাঙৰ ৰহস্য আছে যে ধনাত্মকতা, আশা, উল্লাস আৰু প্ৰসন্নতাৰে পূৰ্ণ মনৰ ফালে সফলতা আৰু সমৃদ্ধি আকৃস্ট হয়। যাৰ মনত সন্দেহ থাকে, যাৰ গাত আত্মবিশ্বাসৰ অভাৱ আছে আৰু যি অশুভৰ আশংকাৰে ঘেৰি ধৰে, এনে ব্যক্তি কেতিয়াও সফল আৰু সন্তুস্ট হ'ব নোৱাৰে।

মনত ৰাখিবঃ

প্ৰকৃতিও নেতিবাচক চিন্তাধাৰাত কুঁৱাত পৰি যোৱা লোকক সহায় নকৰে।

সেইকাৰণে বুদ্ধিমানী ব্যক্তি তেওঁ হয় যি নিজৰ আভ্যন্তৰিণ শক্তি, যোগ্যতা আৰু বিশ্বাসক চিনি লয় আৰু তাৰ সঠিক ব্যৱহাৰেৰে নিজৰ জীৱনক সমৃদ্ধিশালী কৰি তুলে।

আজিৰ যুগত যদি কোনো ব্যক্তিয়ে সমৃদ্ধি বা পদ প্ৰাপ্ত কৰিছে, তেনেহ'লে তেওঁ কেৱল কিতাপ পঢ়ি প্ৰাপ্ত কৰিছে। কিতাপৰ যোগ্যতাৰ বলতেই, কোনোবাই ক্লাৰ্ক, মেনেজাৰ, অধ্যাপক, ডাক্তৰ হয়, কিন্তু যি ব্যক্তিয়ে নিজকে পঢ়ে, নিজৰ অধ্যয়ন কৰে, নিজকে জানি লয় আৰু লগতে

কিতাপৰ শিক্ষা প্ৰাপ্ত কৰে, তেন্তে ব্যক্তিক কোনো অলংকাৰেৰে চিনি পোৱা নাযায়, কোনো প্লেটফৰ্মত নৰখে। নিজৰ শক্তি, যোগ্যতা আৰু আত্মবিশ্বাসক ভালদৰে চিনি পোৱা ব্যক্তিয়ে সমাজত স্হান প্ৰাপ্ত কৰে, কাৰণ তেওঁৰ সমস্ত শক্তি জাগ্ৰত হৈ যায়। ই লাগিলে ব্যৱসায়ৰ দিশতেই হওক বা আধ্যাত্মিক।

এনে লোকে হৈ যায়-ধীৰু ভাই আম্বানী।

এনে লোক হৈ যায়-লক্ষ্মী নিৱাস মিত্তল, কৰচন ভাই পেটেল, জামছেদ জি টাটা, জুগলাপত-কমলাপত, বিৰলা, আজীম প্ৰেমজী আৰু মুঞ্জাল। এনে বহুতো নাম আছে ভাৰতৰ প্ৰাচীন আৰু আধুনিক ইতিহাসত।

ইয়াৰ পিছৰ নাম আপোনাৰ হ'ব পাৰে, গতিকে আপুনি আপোনাৰ শক্তি আৰু যোগ্যতাক চিনি লওক। এটা পৰিধিৰ মাজতে ঘূৰি নাথাকিব। এক মুক্ত আকাশ বাঁচনি কৰক আৰু তাত অধিক ওপৰলৈ উৰক।

---●---

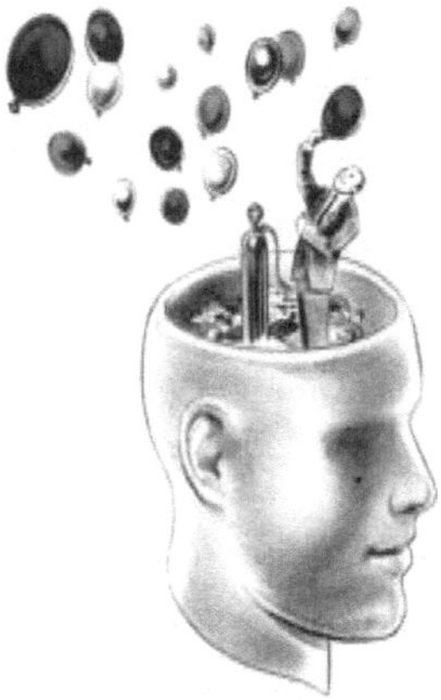

উৎসাহী হওক আৰু যুজক

"ভাগ্যৰ কল্পনা মূৰ্খ লোকে কৰে আৰু ভাগ্যৰ আশা কৰি নিজৰ জীৱন নষ্ট কৰি লয়, উৎসাহী আৰু যুজি থকা লোকে নিজৰ ভাগ্য নিজে লিখে।"

✍ আমি জানিব পাৰিছো যে সফলতাৰ বাবে নিজৰ আভ্যন্তৰিণ শক্তি আৰু যোগ্যতাৰ জ্ঞান থকাটো বহুত আৱশ্যক। তাৰ পিছত পৰমাত্মাৰ ওপৰত এই বিশ্বাস থাকিব লাগে যে জয় আমাৰেই হ'ব, ইয়াৰ এক শক্তিশালী দিশ আছে। এতিয়া এই অধ্যায়ত কিছুমান আৰু কথা কম যিটো স্পষ্ট ৰূপে কথা কোৱাত আৰু বুজি পোৱাত যোগ্য হয়।

যদি আপুনি জীৱনত সফল হ'ব বিচাৰে তেনেহ'লে আপুনি লক্ষ্য নিৰ্ধাৰণ কৰিব লাগিব। তাৰ পিছত যুজিব লাগিব-প্ৰথমে নিজৰ লগত, তাৰ পিছত লক্ষ্যৰ পথত অহা বাধাৰ লগত। ইয়াৰ লগতে, ইমানেই ডাঙৰ অনুপাতত, সফলতা পোৱাৰ উৎসাহো আপুনি আপোনাৰ ভিতৰত জাগ্ৰত

কৰিব লাগিব। আপোনাক কোনোবাই এইটো প্ৰশ্ন কৰিব পাৰে যে সফলতাৰ কোনো শৰ্টকাৰ্ট নাইনেকি ?

যদি আপুনি সফলতা পাব বিচাৰে, কিন্তু সহজতে, পৰিশ্ৰম নকৰাকৈ আৰু বহুত সোনকালে তেনেহ'লে মই আপোনাক স্পষ্ট ৰূপত কব বিচাৰো যে এই চিন্তাধাৰাৰ পৰা আপুনি জীৱনত একো প্ৰাপ্ত কৰিব নোৱাৰিব। আপোনাৰ জীৱন এতিয়া যেনেকুৱা, তাতকৈ শ্ৰেষ্ঠ হোৱাৰ কথা পাহৰি যাওক, ভৱিষ্যত আপুনি অন্ধকাৰৰ ফালে গুচি যাব। সংসাৰত এনে কোনো নিয়ম নাই যে আপুনি কিবা পাব বিচাৰে আৰু পৰিশ্ৰম নকৰাকৈ সেই বস্তুক পাব। আপুনি সফলতা প্ৰাপ্ত কৰিবৰ বাবে সংঘৰ্ষ আৰু চেষ্টা কৰিব লাগিব। কোৱা হয় যে হাত-ভৰি মেলিবই লাগিব।

এইখন জগতত সুখ-সমৃদ্ধি সফলতাৰে পায় আৰু সফলতাৰ কাৰোবাৰ দ্বাৰা কাৰোবাক উপহাৰত দিয়া কোনো বস্তু নহয়। গতিকে সফলতা আপোনাৰ চেষ্টা, পৰিশ্ৰম, ব্যৱহাৰ আৰু আপোনাৰ ব্যক্তিত্বৰ ওপৰত নিৰ্ভৰ কৰে।

যদি আপুনি ইতিবাচক চিন্তাধাৰাৰে লক্ষ্য সাধি, বুদ্ধি সততাৰে নিৰন্তৰে চেস্টা কৰে, তেনেহ'লে নিশ্চয় আপুনি সফলতা প্ৰাপ্ত কৰিব। এনে বহুতো সফল লোকে প্ৰমাণিতও কৰিছে আৰু তেওঁলোকৰ উদাহৰণ আমাৰ ওচৰে-পাঁজৰে আছে।

উৎসাহৰ পৰা জয় প্ৰাপ্ত হয় আৰু এই জয়ৰ সোৱাদ বেলেগ বেলেগ আৰু গভীৰ হয়।

---●---

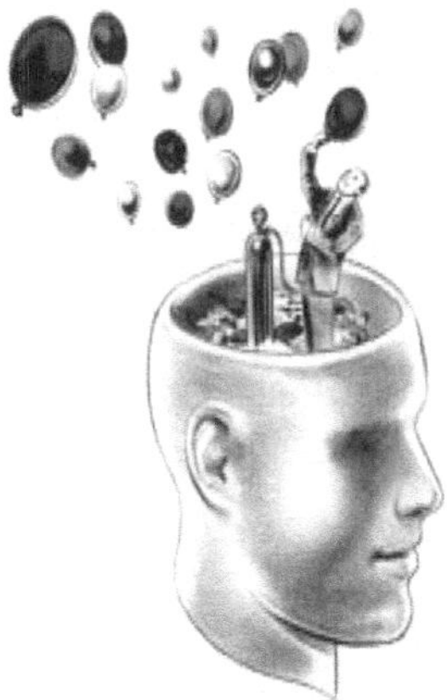

শীঘ্ৰে কোতিয়াও ফল নাপায়

✍ চেষ্টা, পৰিশ্ৰম আৰু বিশ্বাসৰ ফলত সফলতা পাব পাৰি, ইয়াত কোনো শংকা নাই। কিন্তু কিছুমান লোকে ইয়াৰ উপৰিও নিৰাশাত সোমাই ভৱিষ্যতৰ উপহাৰক হেৰুৱাই কিয় দিয়ে? তাৰ পিছত সংসাৰত এনে 'প্ৰতিভাশালীৰ ওপৰত অসফল লোক' নেতিবাচক চিন্তাধাৰা প্ৰকট কৰিবৰ বাবে উপমা হৈ পৰে। এনেদৰে কিয় হয়?

প্ৰিয় বন্ধু! মই এনে বহুতো লোকক দেখা পাইছো যি পৰিশ্ৰমেৰে চেষ্টা কৰে আৰু শীঘ্ৰে মনোবাঞ্ছিত ফলৰ কামনা কৰে। কিন্তু যেতিয়া শীঘ্ৰে কোনো ডাঙৰ পৰিণাম নাপায় তেতিয়া তেওঁলোক নিৰাশ হৈ যায়, তেওঁলোকে অপেক্ষা কৰিব নাজানে। শীঘ্ৰে ফল পাব বিচাৰে।

এনে লোক খংৰ নহয়, দয়াৰ পাত্ৰ হয়। সাধাৰণতে এনে লোকক প্ৰকৃতিৰ পৰা শিক্ষা লব লাগে। যি কোনো বীজ ঘন্টা-দুঘন্টা বা দুই-চাৰি সপ্তাহত এক বৃক্ষলৈ পৰিণত হ'ব নোৱাৰে। বৃক্ষক ফল দিয়াৰ যোগ্য হ'বলৈ বহু বছৰ লাগে। অলপ ভাৱক যে তেওঁ যি পৰমেশ্বৰ হয়, যাৰ ইচ্ছাৰে বতাহ বলা-বন্ধ হয়, যি যিকোনা কাম কৰাত সামৰ্থ ৰাখে, তেওঁক এবাৰ

চকু মুদিলেই কোনো বীজক বৃক্ষলৈ পৰিণত কৰিব নোৱাৰেনে? নিশ্চিয় পাৰে, কিন্তু এন কাম তেওঁ নকৰে, কাৰণ তেওঁ ধৈৰ্য্যৰ নিময়ৰ বিৰুদ্ধে আৰু অব্যৱস্হাৰ পক্ষত নাই।

সংসাৰত বহুতো কৌতুক বিৰাট সত্ত্বা অৰ্থাৎ পৰমাত্মাই সেইকাৰণে কৰিছে যে মানুহে তেওঁক দেখা পাওক আৰু জীৱন পৰা শিক্ষা লওক। প্ৰকৃতিৰ প্ৰত্যেক লীলাই আমাক ধৈৰ্য্যৰ সংবাদ দিয়ে। বীজ ৰোপণ, ধৈৰ্য্যৰে তাৰ পোষণ কৰা, তাৰ পিছত এটা বীজৰ সলনি হেজাৰ হেজাৰ ফল পোৱা। এইনে ধৰণে ধৈৰ্য্য ধৰি যি সফলতা পায়, ই দীৰ্ঘকালিন আৰু স্হায়ী হয়। সংঘৰ্ষৰ পিছত সফলতাৰ আনন্দ বেলেগ হয়, ই প্ৰচীণকালৰে পৰা চলি আহিছে।

আপুনিও ইয়াত সম্মত হ'ব যে আধা সিজা ভোজনত ইমান সোৱাদ নাথাকে, যিমান আনন্দ তেতিয়া আহে যেতিয়া আপুনি ভালদৰে জুতি লগাকৈ ৰান্ধে। তেতিয়া আপোনাৰ সম্পূৰ্ণ শৰীৰ এনেদৰে ভাৰি পুলকিত হয় যে এই সকলো আপোনাৰ পৰিশ্ৰম, আপোনাৰ ধৈৰ্য্য আৰু আপোনাৰ বুদ্ধি সততাৰ পৰিণাম হয়।

মনত ৰাখিবঃ

আপুনি আপোনাৰ পৰিশ্ৰমৰ অনুৰূপত ফলৰ
প্ৰাপ্তি হয়। আপোনাৰ লক্ষ্য সৰু হয়,
তেনেহ'লে আপুনি ফলো সৰু পাব।

বেলৰ বীজ ৰোপণ কৰি তৰমুজ পাব নোৱাৰে। গতিকে ইতিবাচক চিন্তাধাৰাৰে আপোনাৰ লক্ষ্যকো উচ্চ কৰি ৰাখক আৰু ধৈৰ্য্যক আপোনাৰ বিশেষ গুণত অন্তৰ্ভুক্ত কৰক। ধৈৰ্য্যৰ পথাৰত পৰিশ্ৰমৰ ফল গজিব, আৰু ই বহুত সোৱাদদায়ক আৰু আনন্দদায়ক হ'ব।

---●---

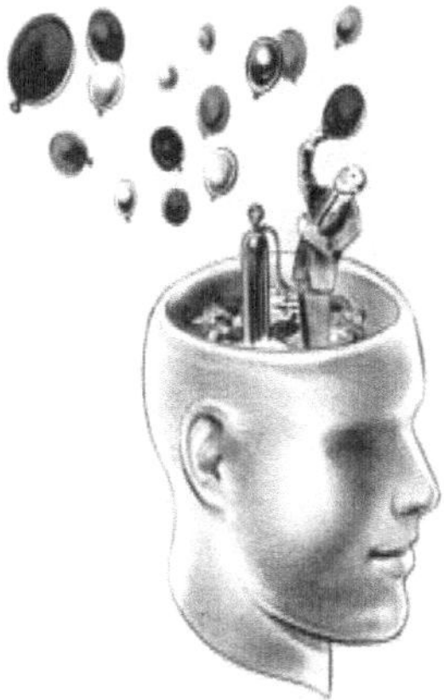

যেনে বীজ তেনে শস্য

✍ বহুতো লোকে সফলতাক ভাগ্যৰ লগত মিল আছে বুলি ভাৱে আৰু হস্তৰেখাক চাই থাকে, কিন্তু আজিৰ এই বৈজ্ঞানিক যুগত সফলতাৰ প্ৰত্যক্ষ সম্পৰ্ক পৰিশ্ৰম, চেষ্টা আৰু বুদ্ধি সততাৰ লগত আছে।

পুৰুষাৰ্থৰ পৰা সফলতা প্ৰাপ্ত হয় আৰু তাৰ বিপৰীতে এলেহুৱা লোকে ভাগ্যৰ আশা কৰি থাকে।

যদি আপোনাৰ মনত সফলতাৰ বীজ ৰূপ চিন্তাধাৰা আছে, তেনেহ'লে তাক আপোনাৰ পৰিশ্ৰমেৰে ৰোপণ কৰক, তাত আপোনাৰ বুদ্ধি সততাৰ সাৰ প্ৰয়োগ কৰক আৰু তেতিয়া আপুনি ধৈৰ্য্য ধৰি পাব যে ই ডাঙৰ হৈ এদিন ফলযুক্ত বৃক্ষলৈ পৰিণত হৈ যাব।

আজি যি লোক সফল হৈছে, তেওঁলোকৰ ওচৰত সকলোতকৈ প্ৰথমে এক সৰু পুঁজী আছিল-এক চিন্তাধাৰা সফলতাৰ। কোনো ধন নাছিল, নাই কোনো সাধন। তেওঁলোকৰ ওচৰত যদি কিবা আছিল তেনেহ'লে সেইয়া

কেৱল এক চিন্তাধাৰা আছিল। চিন্তাধাৰা আছিল উন্নতিৰ, ওপৰলৈ যোৱা। পিছত নিজৰ এই চিন্তাধাৰা ৰোপণ কৰে, নিজৰ চিন্তাধাৰাক বাস্তৱত পৰিণত কৰিবৰ বাবে তেওঁলোকে দিন-ৰাতি পৰিশ্ৰম কৰে, আৱশ্যকতানুসাৰে সাধন একগোট কৰে, বুদ্ধি সততাৰে কাম কৰে, দিন-ৰাতি এক কৰি দিয়ে আৰু পৰিণামত সফলতাৰ এক মহাবৃক্ষৰ ৰূপত সন্মুখলৈ আহে। এই প্ৰসংগত উদ্যোগপতি শ্ৰী ধীৰুভাই আম্বানীৰ উদাহৰণ লব পৰা যায়। যি দিনা তেওঁ এখন দেশত এক পেট্ৰল পাম্পত চাকৰি কৰিছিল, সেই দিনাই তেওঁৰ মনলৈ এটা ভাব আহে যে তেওঁ 'তেল' ৰ দৰে নিজৰ এটা কোম্পানী স্থাপন কৰিব আৰু তেওঁৰ এই সপোনক পুৰা কৰিবৰ বাবে ভাৰতলৈ উভতি আহি 'ৰিলায়েঞ্চ' ৰ স্থাপন কৰে আৰু আজি তেওঁৰ সেই চিন্তাধাৰা তেওঁৰ বুদ্ধি সতাতৰে, তেওঁৰ পৰিশ্ৰমেৰে, তেওঁৰ চেষ্টাত এক মহাবৃক্ষলৈ ৰূপান্তৰিত হৈছে।

এনেদৰে এটাই নহয়, হেজাৰ হেজাৰ সফল উদাহৰণ দেশ-বিদেশত জিলিকি আছে।

ধীৰুভাই আম্বানীয়ে ভাৰতৰ যুৱকক এক চিন্তাধাৰা আৰু এক নতুন দিশ দিগন্ত দিছে যিটো তেওঁৰ আগতে কাৰোৰে দৃষ্টিত পৰা নাছিল। তেওঁৰ কথনক চাওক-

ডাঙৰ কথা ভাৱা, সোনকালে ভাৱা,
আনতকৈ আগত ভাৱা।
চিন্তাধাৰাত কাৰোৰে একাধিকাৰ নাই।

বৈচাৰিক বিপ্লৱৰ এনে অগ্নি এই চিন্তাধাৰাত আছে যে ইয়াক সফল হোৱাৰ পৰা বাধা দিয়াটো অসম্ভৱ। আপুনিও আপোনাৰ মনত চিন্তাধাৰাৰ স্থান দিয়ক, সোনকালে ভাৱ, তাৰ গভীৰতালৈ নামি যাওক আৰু ভাৱক যে আপুনি কেনেদৰে কাম কৰিব পাৰে। আপোনাৰ আগ্ৰহ কোনটো কামত আৰু কোনটো কাম কৰাৰ যোগ্যতা আপোনাৰ আছে, আপুনি দুয়োৰে

কিদৰে গৈ পাব লাগিব।

এবাৰ নিশ্চিত কৰাৰ পিছত সেই কামত লাগি যাওক। সেই কামৰ লগত সম্বন্ধী সকলো ক্ৰিয়াক পুৰা কৰক। সম্মুখলৈ অহা সকলো বাধাক দূৰ কৰি দিয়ক। সেই কামৰ লগত সম্বন্ধী সাধন গোটাবলৈ সাহস নেৰিব। আপোনাৰ চিন্তাধাৰা ৰূপী বীজক বৃক্ষলৈ পৰিণত কৰাই আপুনি সফলতা পাব পাৰে।

আজি নিৰ্মা ডিটাৰ্জেণ্ট পাউডাৰ ঘৰে-ঘৰে ব্যৱহাৰ কৰা হয়। ইয়াৰ পূৰ্বে অধিকাংশ ঘৰত চাবুন ব্যৱহাৰ কৰা হৈছিল। 'চাৰ্ফ' ৰ নামেৰে যি ডিটাৰ্জেণ্ট মাৰ্কেটত বিক্ৰী হৈছিল, তাৰ দামী আছিল। কৰচান ভাই পেটেলৰ মনলৈ এটা ভাৱ আহে যে তেওঁ এনে ডিটাৰ্জেণ্ট পাউডাৰ উৎপাদন কৰিব যিটো কম দামৰ হয় আৰু ঘৰে-ঘৰে ব্যৱহাৰ কৰিব পাৰে, যাতে গৃহিণীক চাবুন ঘঁহাৰ পৰা মুক্তি পাব পাৰে। সেই সময়ত তেওঁলোকে এক চৰকাৰী প্ৰয়োগশালাত টেকনীচিয়ানৰ কাম কৰি আছিল। ৰাতি তেওঁলোকে নিজৰ ঘৰৰ পিছফালে ডিটাৰ্জেণ্ট পাউডাৰ উৎপাদনৰ প্ৰয়োগ কৰে। তেওঁলোকে এই কামৰ আৰম্ভণি কেৱল এক হেজাৰ টকাৰে আৰম্ভ কৰিছিল আৰু এই সৰু পুঁজীকো তেওঁলোকে মিত্ৰৰ পৰা ধাৰ লৈছিল। প্ৰায় তিনি বছৰলৈকে এই কাম চলি থাকে। তেওঁলোকে অফিচৰ পৰা আহে আৰু নিজৰ কামত লাগি থাকে। 'ৱান মেন আৰ্মি' ৰ দৰে তেওঁলোকে এই কাম কৰিছিল। গোটেই সপ্তাহ ধৰি যিমান ডিটাৰ্জেণ্ট উৎপাদন হৈছিল, তেওঁলোকে দেওবাৰৰ দিনা চাইকেল মাৰি মাৰি বেচিছিল। ডিটাৰ্জেণ্টত তেওঁলোকৰ এক দৃঢ় বিশ্বাস আছিল যাৰ কাৰণে তেওঁলোকে এই ফৰ্মূলা দিছিল যে তেওঁলোকৰ প্ৰডাক্ট ভাল নাপালে টকা ঘূৰাই দিব। এনে আত্মবিশ্বাস, বুদ্ধি সততা আৰু কঠোৰ পৰিশ্ৰমৰ পৰিণাম আছিল যে তেওঁলোকৰ 'নিৰ্মা' হাতে-হাতে বিক্ৰী হ'ব ধৰে। এইদৰে কৰচন ভাই পেটেলে তেওঁলোকৰ পৰিশ্ৰম, বুদ্ধি সততাৰে তেওঁলোকৰ কম দামৰ

ডিটাৰ্জেন্ট পাউডাৰৰ ভাৱধাৰাই সফলতাৰ ৰূপ দিব পাৰিলে।

এনে ধৰণৰ বহুতো উদাহৰণ আছে য'ত আজীম প্ৰেমজী, নাৰায়ণ মূৰ্তি, আদি মুখ্য হয়। আহক চাওঁ এই সফল লোকৰ সফলতাত তেওঁলোকৰ ইতিবাচক চিন্তাধাৰাৰ কি ভূমিক আছে-

'ইনফ'চিচ' আজি বিশ্ব বিখ্যাত কোম্পানী হয় আৰু টেকন'লজিৰ ক্ষেত্ৰত বিখ্যাত ৰূপেৰে পৰিচিত। ইয়াৰ সংস্থাপক হ'ল-শ্ৰী নাৰায়ণ মূৰ্তি। এসময়ত নায়াৰাণ মূৰ্তিও এক সাধাৰণ যুৱকৰ দৰে জীৱন অতিবাহিত কৰিছিল। তেওঁৰ পৰিয়াল মধ্যবৰ্গীয় আছিল আৰু পিতাক এখন স্কুলত শিক্ষক আছিল। মৈচুৰত ইঞ্জিনীয়াৰিং কৰাৰ পিছত কিছু বৰ্ষলৈকে নাৰায়ণ পাটনী কম্পিউটাৰ্চত কাম কৰিছিল। তাতে এক সাধাৰণ যুৱকৰ দৰে জীৱন আছিল। কিন্তু 1970 ৰ দশকত এদিন তেওঁৰ মনলৈ এটা ভাৱ আহে যে তেওঁ নিজৰ ব্যৱসায় আৰম্ভ কৰি দিব। চাকৰি এৰি তেওঁৰ ব্যৱসায় কৰাৰ মনোভাৱ আৰু সেই অৱস্থাত যেতিয়া ঘৰৰ আৰ্থিক অৱস্থাও অধিক সুদৃঢ় নাছিল। এই মনোভাৱ বহুত বিপদজনক আছিল কাৰণ চাকাৰিত দৰমহাৰ গ্যাৰাণ্টি থাকে, কিন্তু নিজৰ ব্যৱসায়ত এটা ফালে পইচা লাগে আৰু আনটো ফালে সফলতা পাবও পাৰে বা নাপাবও পাৰে। কিন্তু নাৰায়ণ মূৰ্তিৰ সংকল্প দৃঢ় আছিল। গতিকে তেওঁ প্ৰয়াস কৰে আৰু এক সৰু কোঠাত 'ইনফ'চিচ টেকন'লজি' নামৰ কোম্পানীৰ জন্ম হয়।

সেই কোঠা নাৰায়ণ মূৰ্তিৰ মন্দিৰ আছিল। তেওঁ সদায় 12-12 ঘন্টা কঠোৰ পৰিশ্ৰম কৰিছিল। তেওঁ নিজৰ ভাৱধাৰাক সফল কৰিবৰ বাবে কামত এনেদৰে সমৰ্পিত হয় যে তেওঁৰ বাবে মিত্ৰৰ পাৰ্টি আৰু অন্য মনোৰঞ্জন সকলো সমাপ্ত হৈ যায়। তেওঁৰ এটাই লক্ষ্য আছিল-সফলতা, সফলতা আৰু সফলতা। আৰু অন্ততঃ তেওঁ সফলতা পাইহে এৰিলে। আজি 'ইনফ'চিচ' বিশ্বৰ বিখ্যাত কোম্পানীৰ ভিতৰত এটা হয়। তেওঁৰ এই মনোভাৱৰ বাবে আজি নাৰায়ণ মূৰ্তি হেজাৰ কোটি টকাৰ ব্যক্তিগত

সম্পত্তিৰ মালিক হয়। সফলতাৰ শীর্ষক স্পর্শ কৰাৰ পিছতো তেওঁৰ জীৱন ইমান সহজ আৰু সৰল আছিল যে তেওঁ নিজৰ কর্মচাৰীৰ লগত কেন্টিনত ভোজন কৰিছিল। আজি অৱশ্যে তেওঁ 'ইনফ'চিচ' ৰ পৰা ৰিটায়ার্দ হৈছে কিন্তু ইনফ'চিচে তেওঁক আজিও এৰি দিয়া নাই আৰু তেওঁক সকলো দায়িত্বৰ পৰা মুক্ত কৰাৰ পিছত একেলগ কৰি ৰাখিছে।

তেতিয়াহ'লে আপুনি দেখিলে যে এক সাধাৰণ যুৱকে তেওঁৰ এক ইতিবাচক চিন্তাধাৰাৰে তেওঁৰ দৃঢ় সংকল্প, পৰিশ্ৰম, বুদ্ধি সততাৰে কেনেদৰে সফলতাৰ ফালে অগ্ৰসৰ হ'ল।

এনে ধৰণৰ আৰু এটা উদাহৰণ আমাৰ সমুখলৈ আহে আৰু ই হ'ল উইপ্ৰ' গ্ৰুপৰ স্বামী আজীম প্ৰেমজীৰ ৰূপত-

আজীম প্ৰেমজীৰ পিতাকে উইপ্ৰ' নামৰ এটা কোম্পানী চলাইছিল। এই কোম্পানীয়ে তেল, চাবুন আৰু বনস্পতি ঘিউ আদিৰ দৰে বস্তু উৎপাদন কৰিছিল। কোম্পানীৰ সম্পত্তি বা এনেদৰে কব পাৰি যে টাৰ্নঅভাৰ আছিল মুঠ 5 বা 7 কোটি টকা। আজীম প্ৰেমজীৰ বয়স মাত্ৰ 21 বছৰ আছিল যেতিয়া পিতাকৰ মৃত্যু হয়। তেওঁ যিহেতু পিতাকৰ একমাত্ৰ সন্তান আছিল। গতিকে কোম্পানীৰ দায়িত্ব তেওঁৰ কান্ধত পৰে। তেওঁ ব্যৱসায়ৰ বিষয়ে একো জনা নাছিল, একেবাৰে অভীজ্ঞতাহীন আছিল। তেওঁৰ কান্ধ নিশ্চয় দুৰ্বল আছিল, কিন্তু তেওঁৰ সংকল্প দৃঢ় আছিল। এক ডাঙৰ আৰু বিশ্ব বিখ্যাত কোম্পানীৰ সপোন। তেওঁ লক্ষ্যৰ দিশত কাম কৰে। তেওঁৰ লক্ষ্য আছিল 1998 ত পাঁচ বছৰৰ ভিতৰত উইপ্ৰ'ক দেশৰ শীৰ্ষ কোম্পানীত গঢ়ি তুলা। তেওঁৰ এই মনোভাৱক সফল কৰিবৰ বাবে বাবে প্ৰেমজীয়ে নিজৰ কামত লাগি যায়। দিন-ৰাতি এক কৰি দিয়ে আৰু আপুনি জানি আচৰিত হ'ব যে পাঁচ বছৰৰ সেই লক্ষ্যক আজীম প্ৰেমজীয়ে তেওঁৰ বুদ্ধি সততা, সংকল্প আৰু কঠোৰ পৰিশ্ৰমেৰে এক বছৰতেই প্ৰাপ্ত কৰে।

জীৱনক গঢ়াৰ প্ৰেমজী এক বেলেগ দৃষ্টি আছে-তেওঁ জ্ঞানক অধিক গুৰুত্ব দিয়ে।

তেওঁ কৈছে-

'সূচনাৰ এই যুগত মস্তিষ্কৰ শক্তিয়েই
সকলোতকৈ গুৰুত্বপূৰ্ণ শক্তি হয়।'

জ্ঞানৰ বিষয়ে তেওঁ কৈছে-

'আজি জগতত জ্ঞান ইমান তীব্ৰ গতিত
বিয়পি গৈছে যে যদি আপুনি নিৰন্তৰে জ্ঞান
অৰ্জিত নকৰে তেনেহ'লে আপুনি
পিছত থাকি যাব আৰু জগত
আপোনাতকৈ আগত গুচি যাব।'

প্ৰিয় বন্ধু! আজীম প্ৰেমজীক কামৰ প্ৰতি বহুত প্ৰেম আছে, তেওঁ আজিও সদায় তেৰ ঘণ্টা কাম কৰে।

মনত ৰাখক-

'সপোন তেতিয়া পুৰা হয়
যেতিয়া আমি বুদ্ধি সততা আৰু
সত্য সংকল্পৰে পৰিশ্ৰম কৰো।'

আজীম প্ৰেমজীৰ জীৱন এই কথাৰ প্ৰত্যক্ষ প্ৰমাণ হয় যে মনুষ্যৰ ওচৰত যদি ইতিবাচক চিন্তাধাৰা আছে, সপোন আছে, পৰিশ্ৰম কৰা তথা শিকাৰ ইচ্ছা আছে তেতিয়াহ'লে তেওঁ সুখ আৰু সমৃদ্ধি দুয়োটা পাব পাৰে।

এইদৰে আমি চাব পাৰো যে যদি আপোনাৰ ওচৰত এনে এক চিন্তাধাৰা, যিটো লোকহিতৰ মনোভাৱ হয়, যদি আপুনি তাক বাস্তৱিকৰূপ দিয়াত আত্মবিশ্বাসেৰে, নিষ্ঠা আৰু পৰিশ্ৰমেৰে কাম কৰে, তেনেহ'লে সফলতা বাধ্যত পৰি যাব আৰু আপোনাৰ ভৰিত স্পৰ্শ কৰিব।

যি মহানুভৱৰ সংঘৰ্ষ গাথাৰ মই ওপৰত উল্লেখ কৰিছো,

তেওঁলোকৰ প্ৰতি মই কেৱল এই পংক্তি কব বিচাৰো-

এইখন সংসাৰত বীৰ পুৰুষৰ নামেই অমৰ হয়।
কাষপুৰুষে গোটেই জীৱন কেৱল দুঃখতেই মৰি যায়।।

প্ৰিয় বন্ধু! সদায় মনত ৰাখিব যে যি ব্যক্তিয়ে নিজৰ কাম কৰাত নিস্থা তথা কুশল হয়, তেওঁৰ বাবে সফলতাৰ পথত কোনো বাধা আহিব নোৱাৰে। কিন্তু যি ব্যক্তিয়ে নিজৰ কামৰ প্ৰতি অৱহেলা কৰে, ভালদৰে নিজৰ কাম নকৰে, কামক পিছোৱাই গৈ থাকে, তেওঁ কেতিয়াও সফল হ'ব নোৱাৰে। যাৰ কোনো লক্ষ্য নাই, যি কেৱল ভাগ্যৰ আশাত বহি থাকে, তেওঁ কেতিয়াও সফলতা পাব নোৱাৰে?

যেতিয়ালৈকে আপুনি নিজকে নিৰাশাৰ অধীন কৰি লয়, নিজকে আশক্ত, দুৰ্বল আৰু অযোগ্য বুলি ভাৱে, তেতিয়া নিৰাশ-হতাশ আদি আপোনাৰ ওপৰত প্ৰভাৱ পৰি থাকিব, কিন্তু যেতিয়া আপুনি উঠি কাম কৰিব ধৰে, আত্মবিশ্বাসেৰে ভৰি উঠে আৰু নিজকে শক্তিশালী আৰু যোগ্য বুলি ভাৱি নিজৰ চিন্তাধাৰা সমান কৰিব ধৰে, তেতিয়া নিৰাশ-হতাশ মনৰ পৰা সেইদৰে শেষ হৈ যায়, যি দৰে সূৰ্যোদয় হ'লে অন্ধকাৰ আতৰি যায়।

---●---

প্ৰত্যেক ব্যক্তি নিজৰ পকেটত এটা কাগজ আৰু পেন ৰাখিব লাগে আৰু সময়ৰ লগত অহা চিন্তাধাৰাক শীঘ্ৰে লিখি ৰাখিব লাগে। যি চিন্তাধাৰা অনায়াসে আমাৰ মনলৈ আহি থাকে, ই সাধাৰণতে অধিক মূল্যবান চিন্তাধাৰা হয়। গতিকে আমি এনে চিন্তাধাৰাক ভালদৰে ৰাখিব লাগে, কাৰণ এনে চিন্তাধাৰা বাৰে বাৰে মনলৈ নাহে।

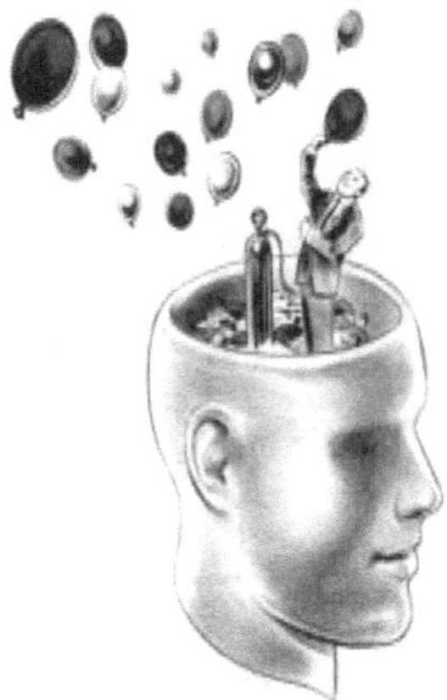

প্ৰাৰ্থনাৰ শক্তি

✍ মনুষ্যই নিজৰ অসীম সম্ভাৱনা আৰু অদ্ভুত ক্ষমতাৰে প্ৰকৃতিৰ অৱৰোধক পাৰ কৰি আহিছে। আদিম যুগৰ পৰা আধুনিক যুগলৈকে মনুষ্যই অসংখ্যা বিকাশ কৰিছে। তথাপিও আজি মনুষ্যই জানে যে তেওঁলোকৰ সম্পূৰ্ণ যোগ্যতা আৰু বহুক্ষেত্ৰীয় ক্ষমতাও প্ৰকৃতিৰ দ্বাৰা নিৰ্মাণ কৰা সৰু সৰু ঘাঁহৰ প্ৰয়োগশালাত নিৰ্মাণ কৰিব নোৱাৰে। আমাৰ দেশৰ এক প্ৰখ্যাত ৰাষ্ট্ৰপতিয়ে টেবুলৰ ওপৰত এটা বেগত দেশৰ মাটি থৈছিল। অন্য দেশৰ গণমান্য ৰাষ্ট্ৰপতি যেতিয়া আহে তেতিয়া তেওঁলোকে সেই বেগক ৰাষ্ট্ৰপতিৰ মেজত থোৱা দেখি বহুত আচৰিত হয়, শেষত কোনোবাই তেওঁ সুধে-এইটো তুচ্ছ মাটি আপুনি ইয়াত কিয় সজাই থৈছে ? ৰাষ্ট্ৰপতিয়ে হাঁহি কয়-বিজ্ঞান আৰু টেকনীকে বহুত প্ৰগতি কৰিলে কিন্তু আজিলৈকে প্ৰকৃতিৰ এই তুচ্ছ উপহাৰক মনুষ্যই প্ৰয়োগশালাত স্হাপন কৰিব পৰা নাই। সেই পৰমাত্মাৰ দ্বাৰা স্হাপন কৰা প্ৰকৃতিক মই নমন কৰিছো।

প্ৰিয় বন্ধু! সেই পৰমাত্মাৰ সন্তান হোৱা অনুসাৰে আপুনি আপোনাৰ

লক্ষ্যক পাবৰ বাবে নিশ্চয় প্ৰৰ্থনা কৰক।

আপোনাৰ মনত সদায় বাইবেলৰ এই প্ৰাৰ্থনা ৰোমন্থন কৰি থাকক-

"মই প্ৰভুৰ সন্তান হয়। সংসাৰৰ অপাৰ সম্পদ ঈশ্বৰৰ হয়, তেওঁ ইয়াৰ মালিক হয় আৰু মই তেওঁৰ সন্তান হয়। গতিকে মই অভাৱৰ জীৱন নকটাওঁ। যশ, ধন, সম্পত্তি, সফলতা আৰু সুখৰ দ্বাৰ শ্ৰমৰ দ্বাৰা মোৰ বাবেও খুলা আছে। অসফলতা, অসহায়, দুখৰ লাঞ্চনা মই মোৰ ওপৰত বেছি দিনলৈকে থাকিব নিদিওঁ। মই মোৰ শ্ৰম, মোৰ বুদ্ধি সততা, ধনাত্মক চিন্তাধাৰা আৰু সংকল্পৰে মোৰ জীৱনক গঢ়ি তুলিম। মোৰ গাত সেই শক্তি আছে, যিটো সৰ্বশক্তিমান প্ৰভুৰ ওচৰত আছে, কাৰণ মই তেওঁৰেই সন্তান হয়। মই সেই সকলো শক্তিৰ প্ৰয়োগ মোৰ জীৱনক সফল কৰিবৰ বাবে কৰিম। ঈশ্বৰে মোক সহায় কৰিব, এনে পৰিস্থিতিত কোনো অভাৱ, কোনো বাধাই মোক কষ্ট দিব নোৱাৰে।"

এই প্ৰাৰ্থনাৰ পিছত আপোনাৰ অন্তঃকৰণত আশাৰ ভৰপুৰ ভাৱনা ৰাখি আপোনাৰ কাম আৰম্ভ কৰক।

সংসাৰৰ সকলো উত্তম পদাৰ্থ, উত্তম পৰিস্থিতি, উত্তম বিচাৰ, উত্তম সংগীত, উত্তম যোগ্যতা, বুদ্ধি, ধৈৰ্য্য, সংকল্প আৰু পৰিশ্ৰম কৰাৰ শক্তি সেই পৰম প্ৰভুৰ পৰা এনেদৰে বিচাৰক যেনেদৰে আপুনি কোনো বস্তু বাল্যকালত আপোনাৰ পিতাৰ পৰা বিচাৰিছিল। নিশ্চিত ৰূপেৰে সেই শক্তি

আৰু সাধন আপুনি প্ৰাপ্ত কৰিব।

মই চিনি পোৱা এজন যুৱক নিৰ্ধনতা আৰু দুখৰ জীৱন কটাই আছিল। সকলো কামত শংকা কৰে, কাম আৰম্ভ কৰাৰ পূৰ্বেই নিৰাশাৰে ভৰি পৰে আৰু অসফল হৈ যায়। কিন্তু কিছু দিন পিছত তেওঁক লগ পাওঁ, তেতিয়া তেওঁ কয় যে এতিয়া তেওঁৰ ওচৰত সুখ সুবিধাৰ সকলো সাধনা আছে। তেওঁৰ ভাগ্য সলনি হৈ গৈছিল। কিয়? কেনেদৰে? সাধাৰণতে তেওঁ এই কথাক বুজি পাইছিল যে তেওঁ তেওঁৰ কৰ্মত তেতিয়া অসফল হয়, যেতিয়া তেওঁ চিন্তাধাৰাৰে অসফল হয়।

যি দিনৰ পৰা তেওঁৰ মনলৈ এনে চিন্তাধাৰা, সেই দিনৰ পৰা তেওঁ নিজৰ মনৰ পৰা নিৰাশ আৰু ভয়ক আতৰাই দিয়ে আৰু দৃঢ় সংকল্পৰে নিজৰ কামত লাগি যায়। তাৰ পিছত চাওঁতে-চাওঁতে তেওঁ নিজৰ ভাগ্যক সলনি কৰি দিয়ে।

আশাৱান হোৱাটো প্ৰগতিৰ শলিতাত তেল ঢালি দিয়াৰ দৰে হয়। এবাৰ এই শলিতা জ্বলি যায় তাৰ তেতিয়া এই কৰ্মৰ শলিতাৰে নিৰন্তৰে জ্বলি থাকে।

গতিকে সকলোতকৈ প্ৰথমে আপোনৰ মনত ইতিবাচক আৰু চিন্তাধাৰা সংগ্ৰহিত কৰক, তাৰ পিছত কোনো এক সৰ্বশ্ৰেষ্ঠ চিন্তাধাৰাক বাস্তৱিক ৰূপ দিয়াৰ দৃঢ় সংকল্প কৰক, তাৰ পিছত বুদ্ধি সততাৰে আপোনাৰ সেই চিন্তাধাৰাক বাস্তৱিক ৰূপ দিয়াত লাগি যাওক।

এবাৰ যেতিয়া আপুনি সম্পূৰ্ণ শক্তিৰে আপোনাৰ কামত লিপ্ত হৈ যাব তেতিয়া কোনো বাধা বেছি সময়লৈকে আপোনাৰ ওচৰত থাকিব নোৱাৰিব। এইটো স্বাভাৱিক হয় যে আমি যি শত্ৰুক ভয় কৰো, তেওঁ আমাক নতুন-নতুন ৰূপ ধাৰণ কৰি আমাক ভয় খোৱাই, কিন্তু যেতিয়াই আমি যুজিবলৈ সাজু হৈ যাওঁ, তেতিয়া শত্ৰু দুৰ্বল হৈ পৰে। আপোনাৰ ৰাস্তাৰ পৰা আতৰি যায়।

এটা ঘটনা কওঁ-

এজন ব্যক্তি কৰবালৈ গৈ আছিল। হঠাৎ এটা বান্দৰে তাৰ ৰাস্তা ৰখাই দিয়ে আৰু তাক ঘূৰিব ধৰিলে। ব্যক্তিয়ে ভয়ত পলাই গ'ল। বান্দৰো পিছে পিছে। ভয়ৰ কাৰণে তেওঁৰ অত্যাধিক ঘাম ওলাই পৰে। তেতিয়া কৰবাৰ পৰা এটা মাত আহে-

"ৰখা! যুজিবলৈ সাজু হোৱা। তাৰ চকুত চকু থোৱা।"

ব্যক্তিয়ে ৰখি যায়, ঘূৰিলে আৰু যেনেদৰে মাত শুনা পাইছিল, তেনেদৰে কৰিলে। তেওঁ কঠোৰতাৰে, সম্পূৰ্ণ আত্মবিশ্বাসেৰে বান্দৰক বেয়াকৈ চাব ধৰিলে। বান্দৰে যেতিয়া এইদৰে তেওঁক যুজিব অহা দেখি পিছ হুহুকি যায় আৰু পলাই যায়।

ব্যক্তিৰে তেতিয়াহে শান্তি পায় আৰু তাৰ পিছত মাত অহা দিশৰ ফালে চালে। তাত স্বামী বিবেকানন্দই থিয় হৈ হাঁহি আছিল। তেওঁ কয়- "সমস্যা, সংকট, অভাৱ আৰু অসফলতাৰে যিমান ভয় কৰি পলাবা, সেইবিলাক সিমানেই ভয় কৰাব, সিমানেই পিছত পৰিব। কিন্তু যেতিয়া যুজিবলৈ সাজু হ'বা, তেতিয়া সেইবিলাক এই বান্দৰৰ দৰে ভয় কৰি পলাই যাব, সেইকাৰণে পলাই নাযাব, যুজিবলৈ শিকা।"

আমাৰ সকলোৰে জীৱনত এনেদৰেই ঘটে। ***আমি যিমান অভাৱ, বাধা, অসফলতাৰে ভয় কৰি পলাই ফুৰিম, আমাক সিমানেই দিগদাৰ কৰে, কিন্তু যেতিয়া আমি সন্মুখলৈ অহা বাধা, নিৰাশাৰ পৰা যুজিবলৈ সাজু হৈ যাওঁ তেতিয়া সমস্যা নিজে নিজে আতৰি যায়, কাৰণ সেইবিলাক বহুত দুৰ্বল হয়।*** কিন্তু দুখেৰে কব লগীয়া হৈছে যে সেইবিলাক শক্তিশালী বুলি ভাৰি, বেছিভাগ লোকে তাৰ পৰা ভয় কৰি জীৱনভৰ অসফল আৰু দুৰ্বল জীৱন ব্যতীত কৰে।

মই আপোনাক কব বিচাৰো যে আপুনি আপোনাৰ সমস্ত শক্তিক

একেলগ কৰি দৰিদ্ৰতা, অসফলতা আৰু নিৰাশাৰে যুজি যাওক, তেতিয়া দেখা পাব যে আপোনাৰ ভাগ্য কেনেদৰে শীঘ্ৰে সলনি হৈ গৈছে আৰু আপোনাৰ তুলনা সফল লোকৰ লগত কৰিব। ইয়াৰ বাবে আপুনি আগবাঢ়ি আহিব লাগিব। আপোনাৰ মনক সফলতাৰ ভাৱনাৰে ভৰাই দিব লাগিব। অসফলতাৰ ভাৱক মনৰ পৰা বাহিৰ কৰিব লাগিব। শংকা-সন্দেহ, ভয় আৰু নিৰাশাৰ ত্যাগ কৰিব লাগিব। তাৰ পিছত দেখা পাব যে সংসাৰত এনে কোনো শক্তি নাই যিটো আপোনাক সফল হোৱাৰ ৰখাব পাৰে।

মনত ৰাখিবঃ

"সময়ৰ বালিত খোঁজৰ চিহ্ন স্থাপন কৰিব নোৱাৰি।"

---●---

ব্যক্তিৰ সফলতা বা অসফলতাৰ চিধা সম্পৰ্ক তেওঁৰ চিন্তাধাৰাৰ লগত থাকে। ধনাত্মক চিন্তাধাৰা আৰু আশাবাদী ব্যক্তি এদিন নহয় এদিন নিশ্চয় সফল হয়।

-সূৰ্য সিন্‌হা

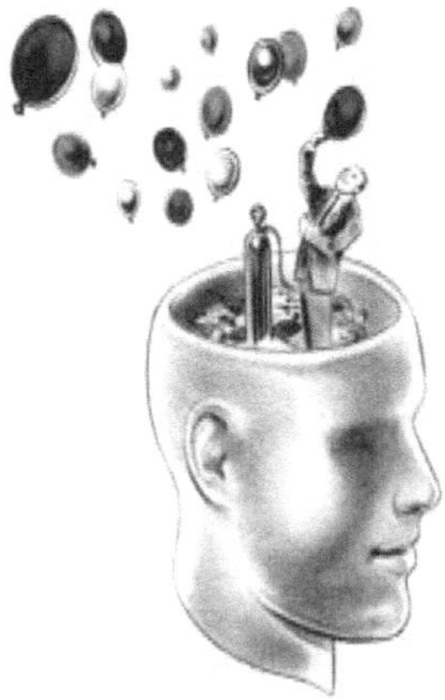

বহুত শক্তিশালী হয় মন

✍ চিন্তাধাৰাত অদ্ভুত শক্তি আছে। অনাদি কালৰ পৰা বৰ্তমানলৈকে মহান মনীষিয়ে চিন্তাধাৰাৰ অদ্ভুত শক্তিৰ গুণগান কৰিছে। চিন্তাধাৰা সুস্থ হ'লে মনো সুস্থ হয়। ভাগৰুৱা, দুৰ্বল চিন্তাধাৰা মনলৈ আনিলে মন অৰু শৰীৰৰো ৰোগ হৈ যায়।

সুস্থ আৰু অসুস্থ মনক কেনেদৰে চিনিব পাৰি ?

যি মন ধনাত্মক চিন্তাধাৰাৰে ভৰি থাকে, য'ত আশাৰ কিৰণ আৰু সফল হোৱাৰ বিশ্বাস থাকে, সেই মন সুস্থ হয়।

য'ত নেতিবাচকতা থাকে, নিৰাশা থাকে, জীৱনৰ প্ৰতি অবিশ্বাস হয়, সেই মন অসুস্থ হয়।

অসুস্থ মনত ভাল চিন্তাধাৰা অহাতো কঠিত হয় আৰু বেয়া চিন্তাধাৰাই মনৰ শক্তিক বাৰে বাৰে ক্ষীণ কৰি থাকে।

জীৱনত উপলব্ধি আৰু সফলতা পাবৰ বাবে চিন্তাধাৰাৰ ইতিবাচক আৰু প্ৰৱল হোৱাৰ আৱশ্যক হয়। ধনাত্মক চিন্তাধাৰাত দৃঢ় সংকল্পলৈকে

গৈ পোৱাৰ ক্ষমতা থাকে। সংকল্প লোৱাৰ পিছত সফলতা নিশ্চিত হয়। গতিকে ব্যক্তিৰ মনলৈ কোনো ধৰণৰ বিকাৰ আহিব দিব নালাগে আৰু মন ৰূপী যন্ত্ৰত কোনো ধৰণৰ মামৰ ধৰিব দিব নালাগে।

যদি ব্যক্তিৰ মন প্ৰফুল্লিত হৈ থাকে তেতিয়া তেওঁ নিৰ্বল শৰীৰৰ দ্বাৰাও ডাঙৰ আৰু বিলক্ষণ কৰাত সফল হৈ যায়, কিন্তু যদি মন দুৰ্বল হয় তেনেহ'লে আপোনাৰ শৰীৰ লাগিলে যিমান দুৰ্বল হওক ই ব্যৰ্থ হয়। সেই পৰিস্থিতিত তেওঁ ভালদৰে কাম কৰিব নোৱাৰে। এটা কথন বহুত প্ৰচলিত হয়-

'মনৰ পৰাজয়ে পৰাজয় হয়, মনৰ জয়ে জয় হয়'

ই কোনো সাধাৰণ কথন নহয়। ইয়াত অনন্ত শক্তি আৰু প্ৰেৰণাৰ সূত্ৰ লুকাই আছে। যি ব্যক্তিয়ে এই কথনৰ বাস্তৱিক অৰ্থক বুজি লব, তেওঁৰ বাবে সংসাৰত কোনো কাম অসম্ভৱ নহ'ব। কঠিনৰ পৰা কঠিন কাৰ্যও তেওঁৰ বাবে সৰল আৰু সম্ভৱ হৈ যাব।

অলপ ভাৱি চাওক- যেতিয়া মনুষ্যই এইখন সংসাৰত জন্ম লৈছিল, তেতিয়া কি আছিল ? অন্য পশুৰ দৰে মনুষ্যও পশুৰ তুল্য আছিল, কিন্তু সেই সময়টো মনুষ্যৰ গাত এক বিশেষতা আছিল- চিন্তা ভাৱনা কৰাৰ শক্তি।

ইয়াক বিশেষ শক্তিৰ বলত মনুষ্যই বিকাশ কৰিছে আৰু প্ৰাকৃতিৰ অন্য প্ৰাণীৰ ওপৰত নিয়ন্ত্ৰণ কৰাৰ স্বামী হৈ পৰে। মনুষ্য আৰু পশুৰ মাজত আজিও অন্তৰ আছে। পশু আজিও একে হৈ আছে, যেনেদৰে হেজাৰ বছৰ পূৰ্বে আছিল, কিন্তু মনুষ্যই নিজৰ চিন্তাধাৰা আৰু ভাৱনাৰে অদ্ভুত শক্তিৰ সহায়েৰে মানৱ সভ্যতাৰ নিৰ্মাণ কৰিছে আৰু নিজৰ বাবে সকলো সুখ সুবিধা সংসাৰত ৰচিছে।

মনুষ্যৰ এই সকলো সফলতাৰ ৰহস্য তেওঁৰ চিন্তাধাৰা আৰু সংকল্প

শক্তিত লুকাই আছে।

মনুষ্যই যিটো কথাক ভাৱে, চিন্তা কৰে আৰু মনন কৰে, আৰু যি উদ্দেশ্যৰ প্ৰাপ্তিৰ সংকল্প কৰে, তাক মনৰ শক্তিৰ দ্বাৰা প্ৰাপ্ত কৰে। যদি ব্যক্তিৰ মনত দৃঢ় নিশ্চয়তা থাকে তেতিয়া তেওঁৰ সকলো শাৰীৰিক দুৰ্বলতা নষ্ট হৈ যায়।

ইতিবাচক চিন্তাধাৰা আৰু দৃঢ় সংকল্পৰ পৰা আপোনাৰ মনক শক্তি পায় আৰু মনৰ শক্তিৰে আপুনি যি বিচাৰে সেই সকলো কৰিব পাৰে। যি লোকে পৰ্বতৰ শিখৰ বা সাগৰৰ ইপাৰলৈ গৈ পাইছে, তেওঁলোকৰ ওচৰত মনৰ শক্তিয়েই প্ৰাথমিক শক্তি আছিল।

---●---

যদি আপুনি ধনাত্মক চিন্তাধাৰাক আপোনাৰ অস্ত্ৰ হিচাপে ব্যৱহাৰ কৰে, তেনেহ'লে কৰ্মযুদ্ধত আপোনাৰ বিজয় নিশ্চিত। সেইকাৰণে সদায় এক যুজাৰুৰ দৰে বিপৰীত পৰিস্থিতিৰ লগত যুজিবৰ বাবে সাঁজু হৈ থাকক।

–সূৰ্য সিন্‌হা

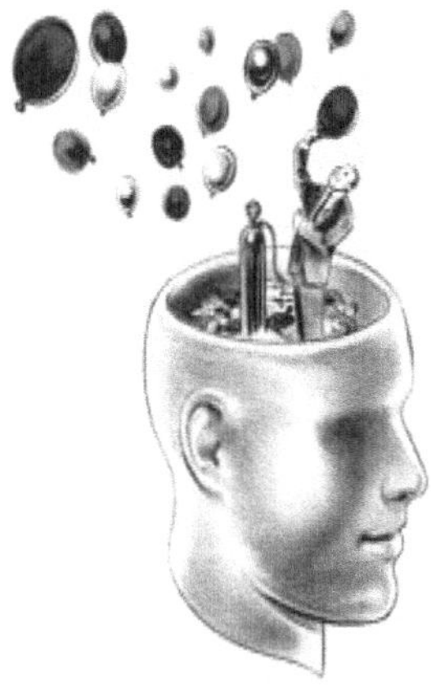

জগাব লাগে মনৰ শক্তিক

✍ আমি আমাৰ ওচৰে-পাঁজৰে এনে বহুতো লোকক দেখা পাওঁ, যি কোনো কাম কৰিবলৈ নাভাৱে আৰু নকৰে। কেৱল ইফালে-সিফালে ঘূৰি ফুৰে বা খালি বাহি থাকি বহুমূল্য সময়ক নষ্ট কৰে। সেইকাৰণে এনে লোক শাৰীৰিক আৰু মানসিক ৰূপেৰে অসুস্থ হৈ যায়। কিন্তু যেতিয়া তেওঁলোকৰ কান্ধত দায়িত্ব আহি পৰে, তেতিয়া তন-মনৰ পৰা সেই দায়িত্বক পালন কৰিবলৈ লাগি যায় আৰু কুশলতাৰে সেই দায়িত্বক পালন কৰে।

এনেদৰে কিয় হয়? সাধাৰণতে যেতিয়া ব্যক্তিৰ কৰ্তব্যপৰায়ণতাৰ পৰীক্ষাৰ সময় আহে, তেতিয়া তেওঁৰ মনৰ শক্তি জাগি উঠে।

মনৰ এইটো প্ৰবল শক্তিয়েই সকলো প্ৰকাৰৰ দুৰ্বলতাৰ ওপৰত বিজয় পোৱাত সহায়ক প্ৰমাণিত হয়।

সেই সময়ত এই শক্তি ইমান প্ৰচণ্ড ৰূপ ধাৰণ কৰি লয় যে ব্যক্তিৰ

সম্পূৰ্ণ দেহত বিদ্যুত তৰংগৰ সমানে কঁপি উঠে তথা সেই তীব্ৰ শক্তিৰ কাৰণে তেওঁৰ অসুস্হৰে ভৰা শৰীৰো সুস্হ দেহৰ সমানে কাম কৰিব ধৰে আৰু পূৰ্ণ নিস্ঠাৰে নিজৰ কৰ্তব্যৰ পালন কৰিব ধৰে।

এই প্ৰসংগত মোৰ কিছু বছৰ আগতে ঘটা এটা ঘটনালৈ মনত পৰে। উত্তৰ প্ৰদেশৰ কোনো এনে গাওঁৰ ঘটনা হয় যিটো জংঘলৰ ওচৰত আছিল। জংঘলী জন্তু আৰু গাওঁবাসীৰ মাজত সংঘৰ্ষ ইয়াত সাধাৰণ কথা আছিল।

গাওঁৰ এখন ঘৰ।

ঘৰৰ চুতালত এটি শিশুৱে খেলি আছিল।

ওচৰৰ হেণ্ডপাম্পত শিশুৰ মাকে কাম কৰি আছিল। হঠাৎ এটা বাঘ আহি শিশুৰ ওপৰত জাঁপ মাৰি ধৰিলে। মাকে শিশুৰ চিঞৰ শুনি ইফালে চায় আৰু স্তব্ধ হৈ যায়। কিন্তু হঠাৎ বিজুলীয়ে যেন ধেৰেকনি মাৰিলে। সন্তানৰ প্ৰতি স্নেহ আৰু মমতাই এগৰাকী মাকৰ ভিতৰত সেই শক্তিক জাগৃত কৰি দিয়ে যিটো পৰ্বতকো হিলাই দিব পাৰে। তেওঁ চাৰিওফালে সহায়ৰ বাবে চিঞৰি সেই বাঘৰ লগত যুজিব ধৰিলে।

মহিলৰ এই অপ্ৰত্যাজিত আক্ৰমণক দেখি বাঘো স্তব্ধ হৈ যায়। কিছু সময় দুয়োৰে মাজত সাংঘাটিক সংঘৰ্ষ হয়। মহিলাই ভাৱি লৈছিল যে তেওঁৰ পুত্ৰক বচাবই লাগিব, লাগিলে তেওঁ নিজকে হেৰুৱাই দিব। ইফালে বাঘে সেইকাৰণে ভয় কৰিছিল সেই মহিলাই সাহসেৰে তাৰ লগত যুজি আছিল। শেষত সেই মহিলাৰ অদম্য শক্তিৰ আগত বাঘ পৰাজয় হয় আৰু নিজক বচাবৰ বাবে তাৰ পৰা পলাবলৈ বাধ্যত পৰে আৰু সেই সময়ত গাওঁবাসী আহি পাইছিল।

এই ঘটনাই স্পষ্ট ৰূপে দৰ্শাই যে যেতিয়া ব্যক্তিৰ মনৰ পৰা শক্তি জাগি যায়, যেতিয়া মনৰ সংকল্প শক্তিৰ উদয় হৈ যায়, তেতিয়া অসম্ভৱ কাৰ্যও সম্ভৱ হৈ যায়। পিছত সেই মহিলাক যেতিয়া মানুহে তেওঁৰ সাহসৰ

বিষয়ে সুধে তেতিয়া তেওঁ কয়, "মই নিজে আচৰিত হৈছিলো মোৰ গাত ইমান শক্তি আৰু সাহস কৰা পৰা আহিলে।"

প্ৰিয় বন্ধু! সাধাৰণতে এনেদৰে হয় যে ব্যক্তিয়ে নিজৰ ক্ষমতা আৰু শক্তিৰ প্ৰতি গম্ভীৰ নহয়। তেওঁ গম নাপায় যে তেওঁৰ ভিতৰত শক্তি আৰু প্ৰেৰণাৰ অগাধ সমুদ্ৰ আছে, কিন্তু যেতিয়া হঠাৎ কোনো ডাঙৰ বিপত্তী বা মহাসংকট আহে তেতিয়া তেওঁৰ এই শুই থকা শক্তি অগাধ সাগৰ জাগৃত হৈ ধুমুহাৰ সৃষ্টি কৰি দিয়ে।

মনৰ শক্তিৰ ঢৌৱে চাট মাৰি থাকে আৰু সেই সময়ত মনুষ্যক নিজৰ শৰীৰত বিৰাট ক্ষমতাৰ অনুভৱ হ'ব ধৰে।

ঘোৰ বিপত্তীৰ সময়টো এনেদৰে ভাৱি আচৰিত হ'ব ধৰে যে ইমান দিনলৈকে এই অদ্যম শক্তি ক'ত লুকাই আছিল?

যেতিয়া মানৱৰ এই চেতনা শক্তি অন্ধকাৰৰ পৰা ওলাই নিজৰ দিব্য ৰূপত প্ৰকট হয়, সেই সময়ত ব্যক্তিয়ে নিজৰ প্ৰকাশেৰে গোটেই সংসাৰক আলোকিত কৰি দিয়ে।

সেইকাৰণে মনত ৰাখিব-

- ☞ জীৱন পথলৈ অহা ভয়ংকৰ প্ৰত্যাহ্বানেই মনুষ্যক তেওঁৰ অসীমিত শক্তিৰ প্ৰতি সজাগ কৰি দিয়ে।
- ☞ বিশ্বাস ডাঙৰ বস্তু হয়। বিশ্বাসে অসম্ভৱকো সম্ভৱ কৰি দিয়ে।
- ☞ বিশ্বাসৰ আধাৰত এই গোটেই সংসাৰ চলি আছে। যদি বিশ্বাস সমাপ্ত হৈ যাব, তেনেহ'লে সংসাৰত একো বাকী নাথাকিব আৰু এই বিশ্বাসৰ মূল উৎস মনুষ্যৰ মন হয়।
- ☞ কঠিন পৰিস্থিতিটো ব্যক্তিক এনে ধাৰণা মনত ৰাখিব লাগে যে প্ৰভু তেওঁৰ লগত সদায় আছে আৰু তেওঁৰ অসীম শক্তিও তেওঁৰ লগত আছে।

- ☞ কঠিন পৰিস্থিতিটো মনত থকা অদম্য আস্থা ব্যক্তিক ধৈৰ্য্যই বান্ধি ৰাখে আৰু ব্যক্তিৰ মনোবল উচ্চ হয়।
- ☞ যেতিয়া ব্যক্তিৰ মনত বিশ্বাসৰ ভাৱনা জাগৃত হৈ যায়, তেতিয়া, তেওঁক বিশ্বাস হৈ যায় যে পৰিস্থিতি নিশ্চয় সলনি হ'ব আৰু সংকটৰ দিন আতৰি যাব। এনে পৰিস্থিতিত তেওঁ বৰ্তমান পৰিস্থিতিত বিজয় প্ৰাপ্ত কৰি নিশ্চয় আগবাঢ়ে।

গতিকে মনৰ শক্তিক জাগৃত কৰক। সংকল্পশক্তিৰ বিকাশ কৰক। নিজৰ চিন্তাধাৰাক সন্মান দিয়ক আৰু তাক বিশ্বাসেৰে ব্যৱহাৰত কৰি বিজয় পথত আগবাঢ়ক।

এই সূত্ৰক সদায় মনত ৰাখিব-

"অসফলতা অস্থায়ী হয়। এবাৰ অসফল হৈ যোৱাৰ অৰ্থ নহয় যে আপুনি জীৱনত অসফল হৈ গৈছে। জীৱনত হেজাৰ হেজাৰ ঘটনাৰে আৱৰি থাকে। এনেদৰে নহয় যে কোনো ব্যক্তিয়ে সকলো কাৰ্যত প্ৰত্যেক বাৰেই অসফল হয় অথবা প্ৰত্যেক বাৰে প্ৰতিটো সময়ত সফল হয়। অসফলতাও এক অভিজ্ঞতা দিয়ে যিটো বুদ্ধিমান ব্যক্তিৰ বাবে প্ৰেৰণা হৈ তাৰ সফলতাক নিশ্চিত কৰিব পাৰে। গতিকে আপুনি আপোনাৰ সম্পূৰ্ণ ধ্যান আপোনাৰ লক্ষ্য আৰু জীৱনৰ সফলতাৰ ওপৰত লগাব লাগে।"

---●---

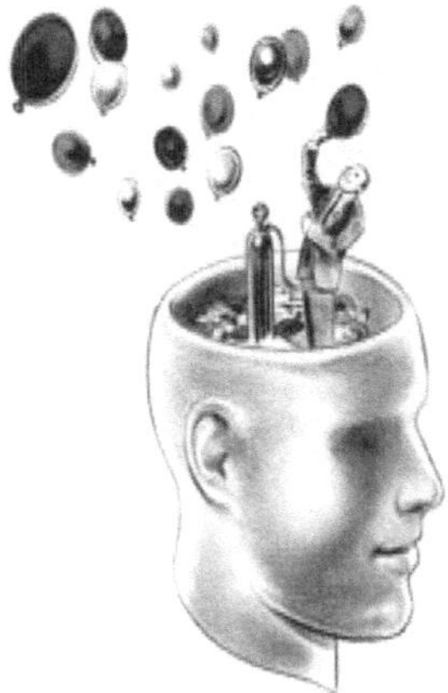

চিন্তাধাৰাৰ প্ৰভাৱ

✍ কোনো বিদ্বান লোকে কৈছে-

"মহান চিন্তাধাৰাই কাৰ্যৰ ৰূপত পৰিণত হোৱাৰ পিছত ই মহান কাম হৈ যায়।"

কিন্তু সমাজত স্থিতি বেলেগ দেখা দিয়ে। দেখা গৈছে যে ভাল চিন্তাধাৰা প্ৰভাৱ মনুষ্যৰ মনত পলমকৈ পৰে, তাৰ বিপৰীতে বেয়া প্ৰভাৱ সোনকালে পৰে।

বেয়া চিন্তাধাৰাৰ ভিন্ন-ভিন্ন লক্ষণ আৰু স্বৰূপ আছে, যিটো আৰম্ভণিত কোনোধৰণৰ লোকচান নেদেখুৱাই, কিন্তু যেতিয়া আমি আগবাঢ়ি যাওঁ, আমাৰ মনত ইয়াৰ শিপা ইমান গভীৰতালৈ গুচি যায়, পিছত ইয়াৰ পৰা মুক্তি পোৱাটো অসম্ভৱ হৈ যায়।

আৰু পিছলৈ গৈ এই অসৎ মনোভাৱ এইদৰে গভীৰলৈকে গুচি যায় যে আমাৰ স্বভাৱৰ এক অঙ্গ হৈ পৰে।

ইয়াত এই কথা বিশেষ উল্লেখনীয় যে যেনেকুৱা আপোনাৰ চিন্তাধাৰা

হ'ব, আপোনাৰ শৰীৰ আৰু কামত তেনেকুৱা প্ৰভাৱ পৰিব। প্ৰাচীন কালত আমাৰ মনীষি সকলে এই তথ্যক বহুত গুৰুত্ব দিছিল। সেইকাৰণে তেওঁলোকে ব্ৰহ্মচাৰ্য বৰ্ণৰ স্হাপনৰ মাধ্যমেৰে বাল্যকালৰে পৰাই শিশুৰ মনত সৎ চিন্তাধাৰাৰ ছাপ এৰি সামাজিক ব্যৱস্হা কৰে। বাল্যকালৰ পৰা ভাল সংস্কাৰ-গুৰু আৰু মাক-পিতাকৰ আদৰ, কনিষ্ঠক স্নেহ আৰু ধৰ্মৰ মৰ্যাদাৰ ৰক্ষা-গুৰুকুলত ইয়াৰ পূৰ্ণ জ্ঞান দি ভৱিষ্যতৰ নাগৰিকক সংযমী, সদাচাৰী আৰু সাহসী কৰা গৈছিল।

তেনেকুৱা চিন্তাধাৰা মহিমাক ব্যৱহাৰিক জগতত প্ৰয়োগ কৰি সচেতন হোৱা বুদ্ধিমান লোক কম নাই। সাধাৰণতে এই অজ্ঞানতাৰ চক্ৰৰ পৰা মুক্তি পাবৰ বাবে তৎপৰ তেওঁলোক থাকে যিয়ে বিকাশৰ বাবে নিজকে নষ্ট কৰি দিয়াত কোনো সংকোচ নকৰে। এই লোক সকলে যেতিয়া নিজৰ চিন্তাধাৰাত পৰিৱৰ্তন আনে তেতিয়া তেওঁলোকৰ জীৱন সলনি হৈ যায়। সকলোতকৈ প্ৰথমে, তেওঁলোকৰ কৰ্ম কুশলতা বাঢ়ি যায়। তাৰ পিছত তেওঁলোকৰ চিন্তাধাৰাৰ গতি ইমান তীব্ৰ হৈ যায় যে এখন ঠাইৰ পৰা আন এখন ঠাইলৈ গৈ পায়। তেওঁলোকৰ সম্পৰ্ক তেওঁলোকৰ বিকাশৰ চিঁড়ি হৈ যায়। তেওঁলোক চিন্তাধাৰাৰ ধনী হৈ যায় আৰু সংসাৰ তেওঁলোকৰ মুঠিত থাকে। তেওঁলোকৰ সৎ চিন্তাধাৰা দূৰ-দূৰলৈকে গৈ পায় আৰু কৰ্তব্যনিষ্ঠা, কাৰ্যযোজনা, কাৰ্যকুশলতা আদিৰ দৰে গুণেৰে অজ্ঞানী লোকৰ জীৱন সলনি কৰি দিয়ে। তেওঁলোকৰ চিন্তাধাৰা পাৰস মুনিৰ দৰে কাম কৰে যিটো স্পৰ্শ কৰিয়েই মানুহে সোণৰ দৰে হৈ যায়। এনে লোকক পৰমাত্মা আৰু প্ৰকৃতি বিশেষতাৰে পৰিচিতি কৰে। তেওঁলোক মহান চিন্তাধাৰা প্ৰাপ্ত কৰে আৰু সমাজৰ পথপ্ৰদৰ্শক হৈ যায়।

আজি আমি দেখা পাইছো এজন ব্যক্তিৰ পিছত সকলোৱে লাগি আছে, তেওঁৰ কথা শুনি আছে, তেওঁৰ অনুসৰণ কৰি আছে, সভা স্হলত তেওঁক আদৰ কৰে।

আপুনি কেতিয়াবা ভাৱি চাইছেনে যে এনেদৰে কিয় হয়?

কাৰণ তেওঁৰ চিন্তাধাৰা নিৰ্মল হয়, উৎসাহ বঢ়োৱাই, সকলোৰে উন্নতিৰ বাবে হয় আৰু তেওঁৰ সেই চিন্তাধাৰা আনৰ ওপৰত প্ৰভাৱ পৰে। সেইকাৰণে মানুহে তেওঁৰ অনুসৰণ কৰে।

মনত ৰাখিব, চিন্তাধাৰাৰ প্ৰভাৱ বহুত তীব্ৰ হয়। গতিকে মনত উচ্চ, ধনাত্মক আৰু নিৰ্মাণাত্মক চিন্তাধাৰা স্থান দিয়ক।

'আপোনাৰ উচ্চ, ধনাত্মক আৰু নিৰ্মাণাত্মক চিন্তাধাৰাই আপোনাক মহানতাৰ স্থান দিয়ে আৰু আপোনাৰ নেতিবাচক চিন্তাধাৰাই আপোনাক নিম্ন শ্ৰেণীত লৈ যায়, ইয়েই চিন্তাধাৰাৰ শক্তি প্ৰভাৱিত হয়।'

---●---

যদি আপুনি নিজৰ ওপৰত সন্তুষ্ট হৈছে তেনেহ'লে আপুনি এতিয়া আৰু আগবাঢ়িব নোৱাৰিব। কাৰণ, যি বীজ গঠন হোৱাতেই সন্তুষ্ট হৈ থাকে, ই বৃক্ষ কেনেদৰে হ'ব পাৰিব। বৃক্ষ হ'বৰ বাবে বীজত গভীৰ অসন্তুষ্টি আৰু বৃক্ষ হোৱাৰ তৎপৰতা থাকিব।

-সূৰ্য সিন্‌হা

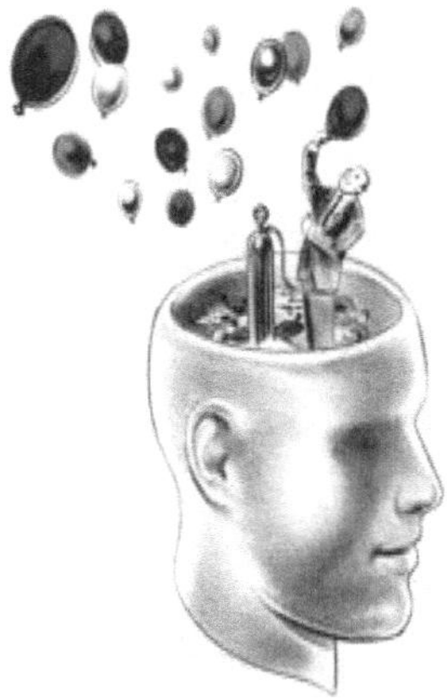

নিজৰ ক্ষমতাক জানক

✍ আধুনিক হোৱাৰ পৰিৱৰ্তেও আমাৰ সমাজত বিষমতা ক্ষণে-ক্ষণে দেখা পোৱা যায়। আজিও এনে বহুতো লোক আছে, যি নিজৰ বয়সৰ এক ডাঙৰ অংশ হেৰুৱাই দিয়াৰ পিছতো জাগৃত হোৱা নাই। তেওঁলোকে আজিও পুৰণা চিন্তাধাৰা আৰু নীতি-নিয়মক স্থান দিয়ে। তেওঁলোকে নিজৰ শক্তি আৰু যোগ্যতাক শূন্যৰ সমান ব্যৱহাৰ কৰে আৰু সেইকাৰণে তেওঁলোকে শতকৰাতকৈ কম স্থানত আছে। তেওঁলোকৰ ক্ষমতা ইমান গভীৰ নিদ্ৰাত আছে যে তেওঁলোকক জগাব নোৱাৰে।

সেইকাৰণে জগাব নোৱাৰি যে তেওঁলোকে নিজকে সদায় তুচ্ছ বুলি ভাৱে, কেতিয়াও বিশিষ্টতা প্ৰাপ্ত কৰিবলৈ চেষ্টা নকৰে। নিজৰ আকলন কৰাত তেওঁলোকে ভুল কৰিছে আৰু কেৱল অতীতৰ চামক চায় থাকে। তেওঁলোকে নিজৰ আদৰ্শ তেওঁলোকৰ পূৰ্ব-পুৰুষক মানে যি সদায় ৰেখাৰ ফকীৰ হৈ আছে। যি সদায় পুৰণা আৰু প্ৰাচীনৰ অনুসৰণ কৰে। সেই লোক সকলক তেওঁলোকে নিজৰ আদৰ্শ কেতিয়াও নামানে যি ভূমিৰ পৰা

আকাশলৈ গৈ পাইছে। তেওঁলোকৰ ফালে চায় তেতিয়া সদায় সুমুনিয়া কাঢ়ি কয় -হায়! আমাৰ এনে ভাগ্য ক'ত।

এই নিৰাশাবাদীয়ে কেতিয়াও চেষ্টা কৰা নাই যে দৈৰ দৰে আমিও আমাৰ শক্তি আৰু যোগ্যতাক ঘূৰাই শক্তি ৰূপী সেই মাখন প্ৰাপ্ত কৰিব পাৰো যিটো ব্যক্তিৰ ভাগ্যক পুষ্টি প্ৰদান কৰে। তেওঁলোকে কেৱল ভাগ্য, ভাগ্য বুলি চিঞৰি থাকে।

এনে লোকক লগ পালে গম পোৱা যাব যে তেওঁলোকৰ গাতো মহান শক্তি লুকাই আছিল, কিন্তু, যিহেতু সেই শক্তিৰ তেওঁলোকে কেতিয়াও দোহন নকৰিলে, সেইকাৰণে সেই শক্তি তেওঁলোকৰ ভিতৰত লুকাই থাকিল। তেওঁলোকে পুৰণা, নেতিবাচক আৰু পৰম্পৰাবাদী চিন্তাধাৰা নেৰিলে কিন্তু শৰীৰক এৰি দিলে। পৰম্পৰাবাদীৰে গ্ৰস্ত সেই লোক সকলে পৰিৱৰ্তন স্বীকাৰ কৰা নাছিল। ইয়াৰ বিপৰীতে ওপৰলৈ যাবলৈ আৰু ভাল কাম কৰি দেখুৱাবৰ বাবে পৰিৱৰ্তন বহুত আৱশ্যক হয়।

তেওঁলোকে এনেদৰে নাভাৱে যে যদি আদিম পুৰুষে পৰিৱৰ্তন নকৰাহেঁতেন তেওঁলোকে আজিও জংঘল আৰু গুফাত থাকিলেহেঁতেন।

প্ৰিয় বন্ধু! মনত ৰাখিব যি লোকে হেৰুৱাই দিয়া অবৈজ্ঞানিক পৰম্পৰাৰে বান্ধ খাই থাকে। তেওঁলোকে কেৱল শতকৰা স্হান পায় বা নস্ট হৈ গৈছে।

যদি আপুনি ওপৰলৈ যাব বিচাৰে তেনেহ'লে আপোনাৰ চিন্তাধাৰাত পৰিৱৰ্তন কৰিব লাগিব। আপুনি কেৱল চিন্তাধাৰাত পৰিৱৰ্তন কৰক, বাকী সকলো নিজে নিজে সলনি হৈ যাব। ই কেনেদৰে সম্ভৱ, ইয়াৰ বাবে চিন্তাধাৰাৰ কিছুমান সূত্ৰ দিওঁঃ

☞ আপোনাৰ ধাৰণা সদায় এনে হ'ব লাগে যে মইও শ্ৰেস্ঠ হ'ব পাৰো।

☞ সদায় আশাবাদী চিন্তাধাৰা মনত স্হান দিওঁ।

☞ মই যি লক্ষ্য নিৰ্ধাৰিত কৰিম, তাক প্ৰাপ্ত কৰিহে এৰিম।

☞ মই শক্তিশালী হয়, যোগ্য হয় আৰু ঈশ্বৰৰ কৃপাৰে আত্মবিশ্বাসেৰে ভৰি আছো।

☞ মই ঈশ্বৰৰ পুত্ৰ হয় আৰু তেওঁ মোক কেনো বিশেষ কাম কৰিবৰ বাবে এইখন সংসাৰলৈ পঠিয়াইছে।

☞ সংসাৰৰ সমস্ত ঐশ্বৰ্য মোৰ বাবে হয়, এক পুৰুষাৰ্থী, এক যুজাৰুৰ দৰে জয় প্ৰাপ্ত কৰি মই সেই সকলো সুখ-ঐশ্বৰ্যক ভোগ কৰিব লাগে।

☞ সংসাৰত এনে কোনো কাম নাই যিটোক মই কৰিব নোৱাৰো।

উপৰোক্ত সূত্ৰক সদায় স্মৰণ কৰিবৰ বাবে আপুনি ইয়াক কাগজত ডাঙৰ-ডাঙৰ আখৰত লিখি ৰাখক। ইয়াক সদায় পঢ়িলে ইয়াৰ প্ৰতি এক বিশ্বাসৰ ভাৱ বিকশিত হ'ব। সেই বিশ্বাসেৰে ধাৰণা শক্তিশালী হ'ব। এই ধাৰণাৰে আপোনাৰ ওচৰে-পাঁজৰৰ পৰিৱেশ আপোনাৰ পক্ষত কাম কৰাৰ স্থিতিলৈ আহি যাব।

এই প্ৰসংগত মোৰ এটা ঘটনা মনত পৰে। এইখন কিতাপৰ ৰচনাৰ সময়ত মই দৈনিক জাগৰণত 6 জুলাই 2008 ৰ সংখ্যাত এটা খবৰ পঢ়ো- শীৰ্ষক আছিল-জগ্গু জিন্দাবাদ।

শীৰ্ষক পঢ়ি বহুত অদ্ভুত যেন লাগিল, কিন্তু যেতিয়া খবৰ পঢ়ো তেতিয়া গোটেই শৰীৰ ৰোমাঞ্চেৰে ভৰি পৰে। মনত গৌৰৱ ভৰি পৰিল, এনেদৰে ভাৱি যে এনে বীৰ পুত্ৰ ভাৰতত আজিও আছে, যি পৰিস্থিতি সাপেক্ষে সংঘৰ্ষ কৰিবলৈ শক্তি ৰাখে।

দৈনিক জাগৰণৰ ৰাঞ্চীৰ পৰা সংবাদদাতা গুঞ্জন শ্ৰীবাস্তৱৰ এই ৰিপৰ্টক মই মোৰ পাঠকৰ আগত এই আশাৰে প্ৰস্তুত কৰিছো যে

তেওঁলোকেও ৰাঞ্চীৰ জগদীশ সিঙৰ জীৱনৰ পৰা কিছু প্ৰেৰণা লওক-

অদম্য ইচ্ছাশক্তি আৰু দৃঢ় সংকল্প। ৰাঞ্চীৰ জগদীশ সিঙৰ পৰিচয় দিয়াৰ এই দুটা শব্দই বহুত হয়। নিজকে প্ৰমাণিত কৰাৰ উৎসাহেই আছিল যে হাতৰ বিনা জগদীশে তেওঁৰ পঢ়া পুৰা কৰে, কেৰেমৰ কৌশল শিকে, মাৰ্চেল আৰ্টত দক্ষ হয় আৰু চৰকাৰী চাকৰিৰ প্ৰতিযোগী পৰীক্ষা পাছ কৰে আৰু প্ৰমাণ কৰি দিয়ে যে বিকলাংগক পোৱা চৰকাৰী সহায়ৰ বিনা। ৰাঞ্চীৰ মহালেখাকাৰ কাৰ্যালয়ত জ্যেষ্ঠ লেখাধিকাৰী 47 বছৰীয়া জগদীশ সিং উৰফে জগুৰ জন্মৰ পৰা দুখন হাত নাই। কিন্তু ৰামকৰণ সিং আৰু শকুন্তলাৰ ন জন সন্তানৰ ভিতৰত জগুৱে কেতিয়া হাৰ নামানিলে। দুৰ্ভাগ্যৰ এই বিপত্তীয়ে যিকোনো ব্যক্তিকে ভাঙি পেলাব পাৰে, কিন্তু দৃঢ় সংকল্পৰ ধনী জগুৱে শাৰীৰিক অভাৱক তেওঁৰ ওপৰত প্ৰভাৱ পেলাব নিদিলে।

তেওঁ নিজৰ ভৰিক হাতৰ ৰূপ দিয়ে আৰু আখৰ ইমান সুন্দৰ যেন মালা গাঠিছে। তেওঁ কয়, 'কেতিয়াও এনেদৰে অনুভৱ হোৱা নাই যে মোৰ দুখন হাত নাই। মা-দেউতাও বহুত লগ দিলে। কিন্তু হাই স্কুলত এডমিচন লবৰ বাবে তেওঁ মাৰুৱাৰী উচ্চতম বদ্যালয়লৈ যায় তেতিয়া হেডমাস্টৰে ভৰ্তী কৰিবলৈ

অমান্তি হয়। তেওঁক এনে লাগিল যে হাত নথকা ল'ৰাই কেনেদৰে পঢ়িব। জগ্গুৱে হেডমাস্টৰক ৰাজী কৰালে যে পঢ়াত হাতৰ কেতিয়াও অভাৱ নাহিব। শেষত হেডমাস্টৰ ৰাজী হয় আৰু জগ্গুৰ পৰিশ্ৰমৰেই ফল আছিল যে যেতিয়া তেওঁ পঢ়া সমাপ্ত কৰে তেতিয়া তেওঁ কয়-'মোৰ বহুত ডাঙৰ ভুল হ'লহেঁতেন, যদি তোমাক এডমিচন নিদিয়াহেঁতেন।" প্ৰাইমেৰীৰ পৰা হাইস্কুললৈকে সদায় প্ৰথম স্হান পোৱা জগ্গুৱে বানিজ্যিক বিষয়ত স্নাতক কৰে, কৰ্মচাৰীৰ বাচনি আয়োগৰ পৰীক্ষাত বহে আৰু সফল হয়। জগ্গুৰ কাহিনী ইমানেই নহয়। কোনোবাই বিশ্বাস কৰিবনে যে জগ্গু মাৰ্চেল আৰ্টৰ কুশল খেলুৱৈও হয়। জগ্গু জিন্দাবাদ....

জগ্গুৱে কয় "মনোবল উচ্চ কৰি ৰখাত কাৰাটে তেওঁক সহায় কৰিছে।" নেতাজী সুভাষ চন্দ্ৰ বসুক আদৰ্শ মনা জগ্গুৱে ডিস্ট্ৰিক কালেক্টৰ ভি কে সিনহাক কৈ চহৰত নেতাজীৰ প্ৰতিমা স্হাপিত কৰোৱাই। আজি ৰাঞ্চীৰ সুভাষ চৌক জগ্গুৰ মনোবলৰেই জয় হয়। ৰংগ মঞ্চতো তেওঁ প্ৰতিভা দেখুৱাইছে আৰু নিৰ্দেশনৰ বাবে সদৌ ভাৰতীয় লঘু নাট্য প্ৰতিযোগীতা এৱাৰ্ড পাইছে। সমাজ সেৱা, খেল আৰু সংস্কৃতিক কাৰ্যক্ৰমত যোগদানৰ বাবে তেওঁ প্ৰতিষ্ঠিত 'বিৰচা পুৰস্কাৰ' ও প্ৰাপ্ত কৰিছে।

আপুনি জানিব বিচাৰেনে যে ৰাষ্ট্ৰীৰ যুৱকৰ আদৰ্শ হোৱা জ’গুৰ আদৰ্শ বাক্য কি হয়।

মনৰ পৰাজয়ে পৰাজয়, মনৰ জয়ে জয়।

প্ৰিয় বন্ধু! ইয়াত কোনো শংকা নাই যে পৰাজয় মনৰ পৰা হয়। যদি আপুনি মনত পৰাজয় স্বীকাৰ কৰি লৈছে, তেতিয়াহ'লে আপুনি পৰাজয় হয়। কিন্তু যদি মনত পৰাজয়ক স্বীকাৰ নহয় তেতিয়াহ'লে বিশ্বাস কৰক সংসাৰৰ কোনো শক্তিয়ে আপোনাক পৰাজয় কৰাব নোৱাৰে।

মনত ৰাখক-

কাৰোবাৰ চাৰি দিনৰ জীৱনত এশটা কাম কৰে।
কাৰোবাৰ এশ বছৰ জীৱনত একো নহয়।

প্ৰিয় বন্ধু! এশ বছৰৰ জীৱন পোৱাতো আৱশ্যক নহয়, সঁচা কৰ্মবীৰো চাৰি দিনৰ জীৱনত ইতিহাস লিখি যায়।

---●---

মানুহৰ চিন্তা-ধাৰা আৰু ৰণনীতিয়ে আমাক কেৱল কথাৰে সলনি কৰিব নোৱাৰে। মানুহৰ চিন্তা-ধাৰা আৰু ৰণনীতি সলনি কৰিবৰ বাবে অতি আৱশ্যক হয় যে আমি এনে কিছু কাম কৰিব লাগে, যিটো দেখি আনে প্ৰভাৱিত হ'ব পাৰে। কাৰণ মানুহে তাকেই কৰে যিটো দেখি তেওঁ প্ৰভাৱিত হয়।

-সূৰ্য সিন্‌হা

জীৱনত এবাৰ অসফল হোৱাৰ অৰ্থ কেতিয়াও নহয় যে আপুনি জীৱনত কেতিয়াও সফল হ'ব নোৱাৰে। সফলতা-অসফলতা জীৱন ৰূপ এটা মুদ্ৰাৰ দুটা পিঠি হয়।

-সূৰ্য সিন্হা

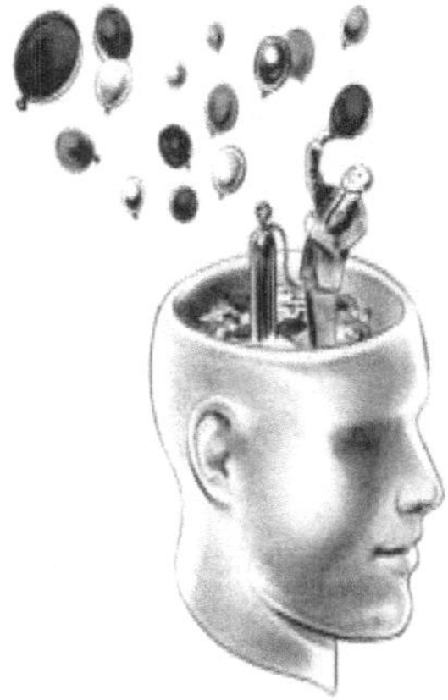

গুণ সিচি আনন্দ পাওক

✍ চিন্তাধাৰাত পৰিৱৰ্তন কৰি তাক ধনাত্মক কৰাত সকলোতকৈ প্ৰথম পদক্ষেপ হ'ল-শান্ত হৈ থকা। প্ৰচীন কালৰে পৰা মনুষ্যক মহান কৰিবৰ বাবে এই সূত্ৰ কোৱা যায়-

-শান্ত হৈ থাকক।

-সন্তুলিত হৈ থাকক।

-নিজৰ সীমাৰ ভিতৰত থাকক।

-মৰ্যাদাৰ পালন কৰক।

-উত্তেজনাৰ পৰিত্যাগ কৰক।

-প্ৰত্যেক কামত বুদ্ধি সততা আৰু দূৰদৰ্শীতাৰ পৰিচয় দিয়ক।

উপৰোক্ত যোগ্যতা বা গুণ যি ব্যক্তিৰ গাত থাকে, তেওঁ নিজৰ প্ৰতিভাৰ ভৰপুৰ লাভ উঠাব পাৰে।

কিন্তু ইয়াৰ পৰিৱৰ্তেও মই বহুতো এনে লোকক দেখা পাইছো য'ত

উপৰোক্ত সকলো গুণ থাকে, কিন্তু তথাপিও তেওঁলোক সফল নহয়। ইয়াৰ সকলোতকৈ ডাঙৰ কৰণ হৈছে যে তেওঁলোকে যোগ্যতাৰ লগতে ক্ৰোধ, চিন্তা, ঈৰ্ষা, আলস্য আৰু অকুশলতা আদিৰ দৰে দোষকো নিজৰ জীৱনত স্হান দিয়ে।

জীৱনত সফলতা আৰু সুখ পাবৰ বাবে আমি এই দোষ বিলাকক ত্যাগ কৰিব লাগিব। ইয়াৰ সম্পৰ্ক প্ৰত্যক্ষ ভাৱে আমাৰ চিন্তাধাৰাৰ লগত আছে।

আমি সকলোতকৈ প্ৰথমে আমাৰ সময়ৰ বাস্তৱিকতাক বুজিব লাগে। সমাজত যোৱা বিশ বছৰত পৰিস্হিতি বহুত তীব্ৰ গতিত পৰিৱৰ্তন হৈছে। সমাজত প্ৰত্যেক বৰ্গৰ বাবে অৱস্হা জটিল হৈ গৈছে। বৃদ্ধৰ য'ত জীৱনপ্ৰত্যাশা (লাইফ এক্সপেক্টঞ্চী) বঢ়াৰ কাৰণে তেওঁলোকৰ উপযোগীতাৰ নতুন ক্ষেত্ৰ অনুসন্ধান কৰাটো প্ৰত্যাহ্বান হৈ পৰিছে, তাতে স্ত্ৰীৰ শিক্ষা ক্ষেত্ৰত নিৰন্তৰে বাঢ়ি যোৱাত তেওঁলোকৰ পাৰিবাৰিক ভূমিকাক নতুন ৰূপত বুজি পোৱাৰ জৰুৰী হৈ গৈছে। ইফালে আজিৰ যুৱ প্ৰজন্মই নিৰন্তৰে প্ৰতিদ্বন্দিতাৰ পৰিস্হিতিত জীয়াই আছে। পদে-পদে প্ৰতিদ্বন্দিতা তেওঁলোকৰ ৰাস্তা ৰখাইছে। তেওঁলোকৰ যাত্ৰা এতিয়া সহজ নহয়। পদে-পদে তেওঁলোকক পৰীক্ষা দিব লগীয়া হৈছে আৰু এই যাত্ৰাত যদি তেওঁলোকে নিজৰ কান্ধত, নিজৰ মন-মস্তিস্কত ব্যৰ্থৰ বোজা (কাম, ক্ৰোধ, ঈৰ্ষা) আদি কঢ়িয়াই থাকে, তেতিয়াহ'লে তেওঁলোকে এই যাত্ৰাক কেতিয়াও পুৰা কৰিব নোৱাৰিব বৰং ভাগৰি পৰি যাব।

যিদৰে কোনো দীঘলীয়া আৰু গুৰুত্বপূৰ্ণ যাত্ৰালৈ যোৱা সময়ত আপুনি কেৱল প্ৰয়োজনীয় আৰু সীমিত বস্তু লৈ যায়, সেইদৰে সফলতাৰ এই যাত্ৰাটো আপুনি সেই বস্তু (চিন্তাধাৰা আৰু গুণ) লৈ আগবাঢ়িব লাগিব যিটো আপোনাৰ যাত্ৰাক সহজ কৰিব আৰু কোনো বাধাৰ অবিহনে আপুনি আপোনাৰ লক্ষ্যলৈ গৈ পাব পাৰে।

মনত ৰাখিব-

☞ জীৱনলৈ অহা জটিলতাক দৃঢ়তা আৰু বুদ্ধি সততাৰে সমুখীন কৰক।

- ক্ৰোধক ত্যাগ কৰক। যি কোনো সমস্যাৰ সমাধানৰ বাবে শান্ত মন-মস্তিস্কৰে তাৰ সমাধান বিচাৰক।
- শীঘ্ৰে বা অশান্তি মন-মস্তিস্কৰে কোনো নিৰ্ণয় নলব। সোনকাল লোৱা নিৰ্ণয় সদায় ঘাতক হয়।
- ঈৰ্ষা আৰু দ্বেষে আপোনাৰ বহুত মূল্যৱান আৰু আভ্যন্তৰিণ শক্তিক নষ্ট কৰে।
- আপোনাৰ লাভৰ কথা নিশ্চয় ভাৱক কিন্তু আনৰ লোকচান নকৰিব। অন্যথা ইয়াৰ পৰা কেৱল আপোনাৰ প্ৰবৃত্তি কুটিল নহ'ব, বৰং আপোনাৰ বিচাৰো দূষিত হ'ব।
- জীৱনত এবাৰ অসফল হোৱাৰ অৰ্থ নহয় যে আপুনি কেতিয়াও সফল হ'ব নোৱাৰে। জয়-পৰাজয় ৰূপী এটা মুদ্ৰাৰ দুটা পিঠি হয়।
- যিয়ে জীৱনত কেতিয়াও অসফল হোৱা নাই, তেওঁ সফলতাৰ বাস্তৱিক সুখকো প্ৰাপ্ত কৰিব নোৱাৰে।
- আপোনাৰ অসফলতাই আপোনাক কেৱল এইটো আঙুলিয়াই দিবৰ বাবে হয় যে আপোনাৰ কৰবাত ডাঙৰ ভুল হৈছে, তাক শুধৰাওক।
- বুদ্ধি সততা, খেলিমেলি চিন্তাধাৰাৰ ব্যক্তিয়ে অসফলতাৰ পিছত নিজৰ ভুলৰ পৰা শিক্ষা লৈ আগবাঢ়ে আৰু অন্ততঃ নিজৰ লক্ষ্যক কোনো বিজয়ীৰ দৰে প্ৰাপ্ত কৰে।

---●---

পৰিৱৰ্তনৰ আঙুলি ধৰি ব্যক্তিয়ে
ভাগ্যৰ কান্ধত উঠিব পাৰে।

–সূৰ্য সিন্‌হা

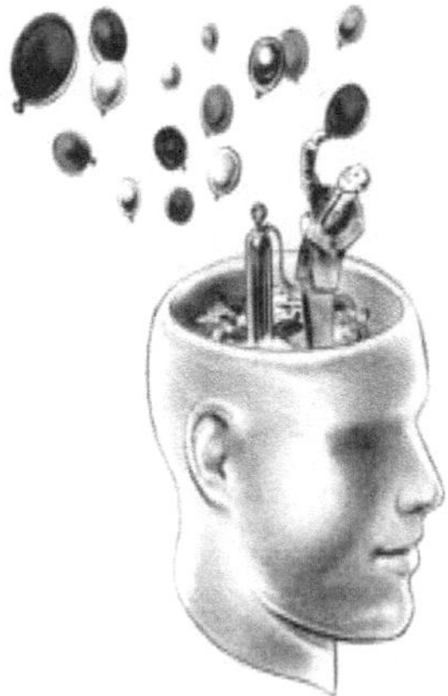

প্ৰকৃতিৰ নিয়ম হ'ল পৰিৱৰ্তন

✍ মানুহৰ লগত সকলোতকৈ ডাঙৰ সমস্যা হৈছে যে তেওঁ প্ৰকৃতিৰ পৰা একো নিশিকে। আমি পৰম্পৰাবাদীত গ্ৰস্ত হৈ থাকো আৰু সহজতে পৰিৱৰ্তন স্বীকাৰ নকৰো।

পৰিৱৰ্তনৰ নাম শুনিলেই কিয় জানো আমি ভয়বীত হৈ যাওঁ। এই ভয় মনত এক প্ৰকাৰৰ শূন্যতাৰ সৃষ্টি কৰে। মনত দূষিত চিন্তাধাৰাৰ আক্ৰমণ তেতিয়া হয়, যেতিয়া আমাৰ মনত শূন্যতাৰে ভৰি থাকে, যেতিয়া ৰচনাত্মক চিন্তাধাৰাৰ অভাৱ হয়।

যেতিয়া মনত উন্নত চিন্তাধাৰা থাকে, তেতিয়া পতনৰ মনোভাৱ আহিব নোৱাৰে। মনক উন্নত আৰু ইতিবাচক কৰি ৰখাৰ অনেক উপায় আছে, এই বিষয়ৰ ওপৰত আমি সকলোৰে অনুভৱ বেলেগ-বেলেগ হ'ব পাৰে কিন্তু প্ৰকৃতিৰ নিয়ম হৈছে ই সদায় খালি স্হানক পুৰা কৰে।

যেতিয়া মন ভাল চিন্তাধাৰাৰে খালি হৈ থাকে তেতিয়া বেয়া চিন্তাধাৰা

আমাৰ মনলৈ আহিব ধৰে। যেতিয়া বেয়া চিন্তাধাৰা আহে, তেতিয়া শংকাই জন্ম লয়, শংকাৰ পৰা সংকট, ভয়, বিপত্তী, উৎসাহহীনতা আৰু নিৰাশাৰ জন্ম হয়। বেয়া চিন্তাধাৰাৰ কাৰণেই ব্যক্তিৰ পূৰ্বাগ্ৰহ, হঠবাদিতা, পৰম্পৰাবাদিতা, মিথ্যাবিশ্বাস, ঈৰ্ষা, দ্বেষ, জলন আদি বিকাৰ উৎপন্ন হয়। আৰম্ভণিত ই হানিদায়ক নহয়, কিন্তু আগবঢ়াৰ লগে লগে মনত ই জমা হৈ যায় যে ইয়াৰ পৰা মুক্তি পোৱাটো কঠিন হৈ যায়। এই বিকাৰ ব্যৱহাৰত এইদৰে মিলি যায় যে স্বভাৱত প্ৰকট হ'ব ধৰে আৰু অন্তত অভ্যাসলৈ পৰিণত হৈ যায়।

সকলোতকৈ গুৰুত্বপূৰ্ণ কথা হৈছে আমি পাহৰি যাওঁ যে আমাৰ জীৱনে দিশ নিৰ্ধাৰিত কৰে। সফলতা-অসফলতা, সুখ-দুখ, উত্থান-পতন, আমাৰ চিন্তাধাৰাৰ দান হয়। গতিকে বহুত জৰুৰী হয় যে যদি আপোনাৰ চিন্তাধাৰা নেতিবাচক হয় তেনেহ'লে আজিয়েই শপত খাই সেইবিলাক চিৰ দিনৰ বাবে বিদায় দিয়ক আৰু সেইবিলাক পৱিত্ৰ তথা ৰচনাত্মক কৰি আৰু জীৱনক সফল কৰি তুলক।

আপুনি জীৱন বহুতো দেখিছে, শুনিছে আৰু শিকিছে বোধহয়। আপোনাৰ দৰে মইও মোৰ জীৱনত বহুত কিছু দেখিছো, শুনিছো আৰু শিকিছো।

মোৰ অভিজ্ঞতাৰ পৰা মই কব পাৰো যে কিছুমান লোকে সংকট আহিলে আৰু সবল হৈ যায় আৰু অধিক বুদ্ধি সততাৰে ধৈৰ্য্য ধৰি ৰাখে আৰু বেছি কঠোৰ পৰিশ্ৰম কৰে। ইয়াৰ বিপৰীতে কিছুমান লোক এনে হয় যি যলৈ যায়, তাত ভয়ৰ ভাৱনা, বিপদৰ কথা ভাৰি, দুখৰ ভাৱনা বিয়পাই। তেওঁলোকে সদায় চিন্তা আৰু ভয়ৰ বিষ বিয়পাই থাকে। নিজৰ মনৰ নিৰাশা আৰু চিন্তাৰ দূষিত প্ৰভাৱ আনৰ ওপৰটো পেলাই থাকে। নিজৰ কথা দাঠি মাৰি কয় যে আমাৰ জীৱন কষ্ট, দুখ ভোগ কৰিবৰ বাবে হয়। সেইকাৰণে চিন্তা কৰা আৰু ভয়ভীত হৈ থকাটো আমাৰ ভাগ্য হয়।

এতিয়া আপুনিয়েই ভাৱক যে এনে চিন্তাধাৰা, এনে ধাৰণা উচিত হয়নে? এনে চিন্তাধাৰাৰ ব্যক্তিয়ে জীৱনত কেতিয়াবা উন্নতি কৰিব পাৰেনে?

নিঃসন্দেহে আপোনাৰ উত্তৰ 'নোৱাৰে' হ'ব।

যদি বাস্তৱত আপোনাৰ উত্তৰ 'নোৱাৰে' হয়, তেতিয়াহ'লে আপুনি নিজকে জানিব লাগিব। নিজক চিনি পাব লাগিব আৰু আপোনাৰ মনত নেতিবাচক চিন্তাধাৰাৰ ঠাইত সাহস, শৌৰ্য্য, আত্মবিশ্বাস আৰু দৃঢ়তা প্ৰদান কৰা উন্নতশীল চিন্তাধাৰাক স্থান দিব লাগিব। ই আপোনাৰ প্ৰকট আপোনাৰ প্ৰকৃতিৰ বাস্তৱিক পৰিচয় হয়।

এই প্ৰসংগত ইয়াত আপোনাৰ বাবে কিছুমান ব্যৱহাৰিক পৰামৰ্শ প্ৰস্তুত কৰিছো-

- ☞ চিন্তা, ভয়, সন্দেহ আৰু নিৰাশাৰে গ্ৰস্ত মনঃস্থিতিত আপুনি সঠিক নিৰ্ণয় লব নোৱাৰে। উচিত আৰু সঠিত নিৰ্ণয় কেৱল তেতিয়াহে লব পৰা যায়, যেতিয়া মন নিৰ্মল, সন্তুলিত আৰু শান্ত হৈ থাকে। সেই সময়ত যি পৰিকল্পনা প্ৰস্তুত কৰা গৈছে- কেৱল তাৰেই ক্ৰিয়াম্বিত কৰিবলৈ চেস্টা কৰক।

- ☞ শংকা-সন্দেহ, ভয় অথবা ক্ৰোধৰ স্থিতিত মানসিক শক্তি খেলিমেলি হৈ যায়। সেই সময়ত মন একাগ্ৰ হৈ নথকাৰ কাৰণে ভুল নিৰ্ণয় লয়। গতিকে ভাল চিন্তাধাৰাক গ্ৰহণ কৰি আপুনি নিৰাশা, ক্ৰোধ, ঈৰ্ষা, দ্বেষ আদিৰ বিকৃত চিন্তাধাৰাক মনৰ পৰা দূৰ কৰাত সফলতা প্ৰাপ্ত কৰিব পাৰে। ইয়াৰ পৰা আপোনাৰ জীৱনৰ নিৰ্ণয়ত মানসিক শক্তিৰ যোগদান বাঢ়ি যাব।

স্বামী বিবেকানন্দই কৈছে-

জীৱনত মোৰ সৰ্বোচ্চ অভিলাষা হৈছে এক এনেকুৱা চক্ৰ পৰিৱৰ্তন কৰি দিয়া যিটো উচ্চ আৰু শ্ৰেষ্ঠ চিন্তাধাৰা সকলোকে দোৱাৰ দলিলৈ লৈ যাব পাৰে আৰু স্ত্ৰী-পুৰুষে নিজৰ ভাগ্যৰ নিৰ্মাণ নিজে কৰিব পাৰে।

---●---

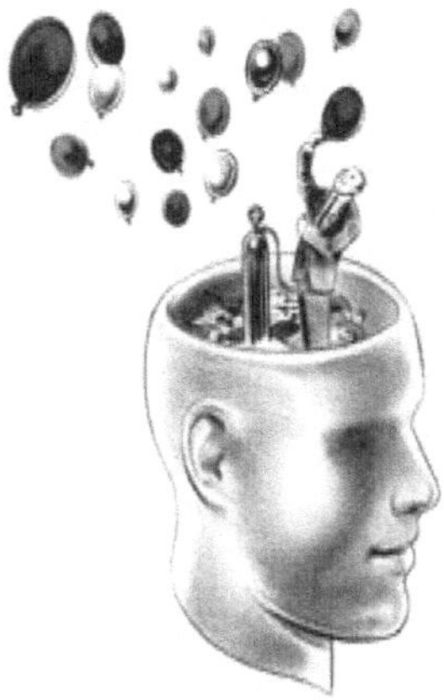

সফলতাই বিচাৰে সমৰ্পণ

✍ যি ব্যক্তিয়ে নিজকে সম্পূৰ্ণৰূপেৰে এক চিন্তাধাৰাৰ প্ৰতি সমৰ্পিত কৰি দিয়ে, তেওঁ নিশ্চয় তাক প্ৰাপ্ত কৰে আৰু যদি তেওঁৰ যোগ্যতা থাকে তেনেহ'লে তেওঁ নিশ্চয় সফল হয়।

মহাকবি গেটেৰ শব্দত-

তুমি একেবাৰে 'সেইটো' হ'ব লাগে। তোমাক 'তাৰ' বাবে ভাৱিব লাগে, 'তাৰ' বাবে পৰিকল্পনা প্ৰস্তুত কৰিব লাগে, 'তাৰ' বাবে কাম কৰিব লাগে, 'তাৰ' বাবে জীয়াই থাকিব লাগে, 'তাত' আপোনাৰ মন, শক্তি, হৃদয় তথা আত্মা সকলো সমৰ্পিত কৰি দিব লাগে, সফলতা নিজে নিজে তোমাৰ ওচৰলৈ আহিব।

আজি সেই ব্যক্তি সফল হয়, যাৰ জীৱনত এক গুৰুত্বপূৰ্ণ চিন্তাধাৰা আছে। এই চিন্তাধাৰাৰ বাবে তেওঁ সমৰ্পিত থাকে, ইয়াৰ বাবে তেওঁ জীয়াই

থাকে, ইয়াৰ বাবে তেওঁ দিন-ৰাতি বুদ্ধি সততাৰে কাম কৰে। হেজাৰ হেজাৰ সমস্যা আৰু অসফলতাৰ পৰিৱৰ্তেও তেওঁ বিচলিত হৈ নাযায়, বৰং তাক পূৰ্ণ কৰাত লাগি থাকে।

যেতিয়ালৈকে এনে ধৰণৰ সমৰ্পণৰ ভাৱনা মনলৈ নাহিব, তেতিয়ালৈকে আপুনি সম্পূৰ্ণ সফলতা পাব নোৱাৰে। আপোনাৰ বাবে জৰুৰী হয় আপুনি সেই ৰাস্তাক ধৰক, সেই চিন্তাধাৰাক আপোনাৰ মন-মস্তিস্কত ঠাই দিয়ক, যিটো আপোনাক আপোনাৰ চিন্তাধাৰাই সফলতাৰ ফালে লৈ যায়।

যদি আমি আমাৰ চিন্তাধাৰাক আমাৰ সৰ্বস্ব বুলি মানি, বাণীৰে দ্বাৰা প্ৰকট কৰি থাকো, তাৰ বিষয়ে ভাবো, তাৰ বিষয়ে আলোচনা কৰো আৰু সেই বুদ্ধি সততাৰে সম্পূৰ্ণ কৰিবলৈ চেষ্টা কৰো, তেনেহ'লে সোনকালে আমি তাক প্ৰাপ্ত কৰিম।

আচলতে, ইয়াৰ ৰহস্য হৈছে বাণীৰ দ্বাৰা প্ৰকট কৰি থাকিলে আমি তাৰ বিষয়ে নিৰন্তৰে ভাবিবলৈ সুযোগ পাওঁ। এইদৰে এটা দৃশ্য আমাৰ ওচৰত ভাঁহি আহে আৰু তাৰ প্ৰাপ্তিৰ বাবে আমি আমাৰ সম্পূৰ্ণ শক্তি লগাই দিওঁ। তাৰ পিছত এদিন সেই উদ্দেশ্যক পাওঁ, সেই সপোনকো পুৰা কৰি লওঁ, যিটোক পূৰ্ণ কৰা ক্ষেত্ৰত আমাক শুবলৈও নিদিয়ে।

গতিকে বাৰে বাৰে আপোনাৰ লক্ষ্যৰ ফালে ধ্যান দিয়ক। যেতিয়া এনেদৰে কৰাটো আপোনাৰ স্বভাৱ হৈ যাব, তেতিয়া আপুনি আৰু শীঘ্ৰে সফলতা প্ৰাপ্ত কৰিব পাৰে।

লক্ষ্য নিৰ্ধাৰণ আৰু তাৰ পিছত তাৰ প্ৰাপ্তিৰ বাবে বুদ্ধি সততাৰে প্ৰয়াস কৰাই সফলতাৰ মূল্যৱান পুঁজী হয়, কিন্তু ইয়াৰ ব্যৱহাৰ তেওঁ কৰিব পাৰে, যাৰ দৃষ্টি আৰু কৰ্মত কেৱল আৰু কেৱল তেওঁৰ লক্ষ্য থাকে।

"তেওঁ জয় হ'বই, যাৰ বিশ্বাস হ'ব যে তেওঁ জয়ী হ'ব পাৰিব।"

মনত ৰাখিব-

- ☞ যদি আপোনাৰ আদৰ্শ শ্ৰেষ্ঠ হয়, তেতিয়াহ'লে জীৱনো শ্ৰেষ্ঠ হ'ব।

- ☞ যদি আপোনাৰ আদৰ্শ সুন্দৰ হয়, তেতিয়াহ'লে আপোনাৰ জীৱনো সুন্দৰ হ'ব।

- ☞ আমাৰ আভ্যন্তৰিণ ভাৱনাই আমাৰ জীৱনত প্ৰত্যক্ষ ৰূপেৰে প্ৰকট হৈ থাকে। যি ভাৱ প্ৰত্যেক সময়ত আমাৰ মনত থাকে, তাক আমি আমাৰ মুখ মণ্ডলত প্ৰকট হোৱাত নিশ্চয় ৰখাওঁ। কিন্তু আমি যি চিন্তাধাৰাক সমৰ্থন কৰো, সেই চিন্তাধাৰাৰ অনুৰূপে আমাৰ জীৱন গঢ়ি তুলে। গতিকে আমাৰ কৰ্তব্য হৈছে আমি নিৰন্তৰে আমাৰ চিন্তাধাৰাত শ্ৰেষ্ঠতা আৰু উদাৰতা আনিব লাগে। তেতিয়াহে আমি নিৰন্তৰে উন্নতিৰ ফালে আগবাঢ়িব পাৰিম। দৃঢ় নিশ্চয় কৰক, সংকল্প লওক-

- **মই মোৰ মনক সদায় আশা আৰু বিশ্বাসেৰে ভৰাই ৰাখিম।**
- **মই মোৰ সকলো কামক সদায় ইতিবাচক চিন্তাধাৰা, উৎসাহ আৰু সমস্ত নিষ্ঠাৰে পৰিপূৰ্ণ কৰিম।**
- **মই যি কাম কৰিম, তাৰ ওপৰত উত্তমতা, শ্ৰেষ্ঠতাৰ গভীৰ ছাপ বহিব।**

বাল্মীকিয়ে ৰামায়ণত কৈছে-

"কৰ্ম কৰি নিজৰ পৰিচয় দিয়া, মুখেদি কথা কৈ নহয়। যাৰ গাত পুৰুষত্ব আছে, তেওঁক বাস্তৱত বীৰ বুলি কোৱা হয়।"

মইও আপোনাক কব বিচাৰো যে আপোনাৰ ভিতৰত কোনো এক উন্নত চিন্তাধাৰা নিৰন্তৰে পোষণ কৰক। তাক পূৰ্ণ কৰিবৰ বাবে বুদ্ধি সততাৰে ৰণ-নীতি প্ৰস্তুত কৰক। আৰু এই ৰণ-নীতিক বাস্তৱিক ৰূপ দিবৰ বাবে বুদ্ধি সততাৰে কাম কৰক। আৰু এই ৰণ-নীতিক কৰিবলৈ সম্পূৰ্ণ ৰূপেৰে সমৰ্পিত হৈ যাওক।

মনত ৰাখিব-

আপোনাৰ সফলতা আপোনাৰ কৰ্মৰ আধাৰত নিৰ্ধাৰিত হয়, তাক সমাজৰ যি কোনো অন্য সজুলিৰে জুখাতো যোগ্য নহ'ব।

---●---

সফলতা যি কোনো ব্যক্তিক মূল্যৰ অবিহনে, ইয়াক নাপায়। যদি আপুনি সফল হ'ব বিচাৰে, তেনেহ'লে এতিয়াৰ পৰা আপুনি তাৰ মূল্য দিব লাগিব, পৰিশ্ৰম কৰিব লাগিব। যদি আপুনি এনেদৰে কৰা নাই, তেনেহ'লে আপুনি এতিয়াও আপোনাৰ মতে চলি আছে, যাৰ মূল্য আপুনি পিছত দিব লাগিব। নিৰ্ণয় আপোনাৰ হাতত আছে আপুনি কি বিচাৰে।

-সূৰ্য সিন্‌হা

প্ৰত্যেক সফল ব্যক্তিৰ সকলোতকৈ প্ৰথম আৰু ডাঙৰ পুঁজী হ'ল- তেওঁৰ চিন্তাধাৰা। ইয়াৰ পৰাই তেওঁৰ সাম্ৰাজ্য স্হাপন হয়।

-সূৰ্য সিন্‌হা

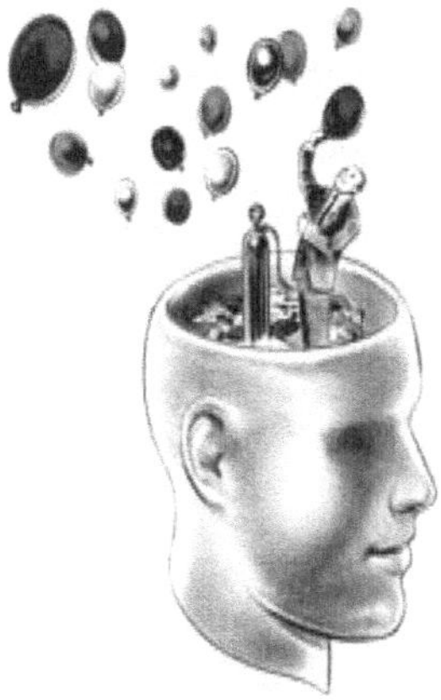

আত্মশক্তিক বঢ়াওক

✍ কিছুমান লোকে জীৱন ভৰ এই নেতিবাচক চিন্তাধাৰাৰে জীৱন কটাই যে তেওঁ শক্তিহীন হয় অথবা তেওঁৰ শক্তিৰ এটা সীমা আছে। যাৰ মনত এনে ভাৱ জাগিছে, তেওঁ আজি দুখী হয়। এই চিন্তাধাৰাই তেওঁৰ যোগ্যতাক নষ্ট কৰি দিয়ে। ইয়াৰ পৰা তেওঁ অসফলতাৰ সন্মুখীন হ'ব লগীয়া হয় আৰু তেওঁ অশান্তিৰে ভৰি পৰে। এনে নেতিবাচক চিন্তাধাৰা ৰখা ব্যক্তিয়ে দুৰ্ভাগ্যৰশত নিজৰ বিপত্তী মাতি আনিছে। নিজকে শক্তিহীন বুলি ভৱাতো এক অসাধ্য ৰোগ হয়, যাৰ পৰিণাম সদায়েই বেয়া হয়।

যেতিয়া আত্মবল হ্ৰাস পায়, তেতিয়া ব্যক্তিয়ে পিছ পৰি যায় আৰু পিছ পৰি গৈ গৈ অন্তত তেওঁ ইমান পিছ পৰি যায় যে এদিন হেৰাই যায়।

যুগ পুৰুষ স্বামী বিবেকানন্দই কৈছে-

"বাস্তৱত আত্ম হত্যাকাৰী তেওঁ নহয়, যি আত্মহত্যা কৰে বৰং তেওঁ হয় যিয়ে নিজকে

জানিব নোৱাৰিলে কাৰণ নিজকে নজনাটো স্বৰূপ-দৃষ্টিৰে নিজকে মৃত্যু দণ্ড দিয়াৰ দৰে হয়।"

আপুনিও এনেদৰে কৰা নাইতো? মোৰ দৃঢ় বিশ্বাস আছে যে আপোনাৰ উত্তৰ হ'ব 'নহয়'। গতিকে মই এতিয়া আপোনাৰ বাবে আগবাঢ়ো।

সদায় উচ্চ চিন্তাধাৰাক আপোনাৰ মনত স্থান দিয়ক, সদায় এনেদৰে ভাৱক যে আপুনি এক সফল আৰু যোগ্য ব্যক্তি হ'বৰ বাবে জন্ম লৈছে।

এতিয়া প্ৰশ্ন উঠে যে আপুনি আপোনাৰ ভিতৰত লুকাই থকা অসীম শক্তিক কেনেদৰে জানিব আৰু আপোনাৰ আত্ম-শক্তিৰ বিস্তাৰ কেনেদৰে কৰিব?

তেনেহ'লে ইয়াৰ বাবে আপোনাক আত্মবিশ্লেষণৰ বাবে অলপ সময় উলিয়াব লাগিব। আপুনি ৰিচাৰে যে এই কাম সোনকালে হওক আৰু সোনকালে কৰিবৰ বাবে মোৰ দ্বাৰা লিখা এখন কিতাপে আপোনাক বহুত সহায় কৰিব পাৰে-'নিজকে জানক'। এইখন কিতাপক পঢ়ি আপুনি কেৱল নিজকে জনাৰ টেকনীকেই নিশিকিব বৰং এক সফল আৰু সক্ষম ব্যক্তি হোৱাটো সফলতা প্ৰাপ্ত কৰিব। তথাপিও মই কিছুমান বিশেষ সূত্ৰ আপোনাক কম যাতে এই কামক সহজ কৰি দিব।

- ☞ আপোনাৰ অভাৱৰ বিষয়ে নিজকে আৰু আপোনাৰ বিশেষ মিত্ৰ আৰু পৰিচিতক সুধি এখন তালিকা প্ৰস্তুত কৰক।
- ☞ আপোনাৰ অভাৱ আৰু আপোনাৰ শক্তি আৰু ক্ষমতাৰ অনুসাৰে সমাপ্ত কৰিবৰ বাবে ৰণ-নীতি প্ৰস্তুত কৰক।

- ☞ আপোনাৰ আত্মবিশ্লেষণক একেবাৰে চেষ্টা কৰি নিষ্ঠাৰে ভৰা আৰু তথ্য পৰক কৰি ৰাখিবলৈ চেষ্টা কৰক।
- ☞ আত্মবিশ্লেষণৰ পৰিণামৰো তালিকা প্ৰস্তুত কৰক আৰু তাক বিশেষ বুলি ভাৱি আপোনাৰ বিশেষ মিত্ৰ-শুভচিন্তকৰ পৰা চেক কৰাওক।

সফল বা সুখ পাবৰ বাবে আপোনাক তেনেকুৱা পৰিৱেশ সৃষ্টি কৰিব লাগিব, উন্নতশীল বিচাৰক বুদ্ধি সততাৰে নিৰ্মাণ কৰিব লাগিব। ডাঙৰ-ডাঙৰ সপোন চাব লাগিব আৰু তাৰ পিছত সপোনক বাস্তৱত পৰিণত কৰিবৰ বাবে কাম কৰিব লাগিব।

কিন্তু এই সকলোৰে সত্বেও এই কথাৰো মনত ৰাখিব লাগিব-

"কেৱল আনৰ দ্বাৰা আপোনাৰ নিন্দা শুনি নিজকে নিন্দিত বুলি নাভাৱিব। নিজকে জানক, তাৰ পিছত নিৰ্ণয় লওক। মানুহৰ কথা কি কওঁ, মানুহৰ বাক-স্বাধীনতাৰ অধিকাৰ আছে।"

---●---

নিৰাশাৰ অগ্নি ব্যক্তিৰ চিন্তাধাৰা আৰু কৰ্ম, দুয়োকে দুয়ো ফালে জ্বলাই আৰু যি ব্যক্তিয়ে ইতিবাচব চিন্তাধাৰা ৰাখে তেওঁৰ ভাগ্য সদায় উচ্চতাৰ শিখৰক স্পৰ্শ কৰে।

-সূৰ্য সিন্‌হা

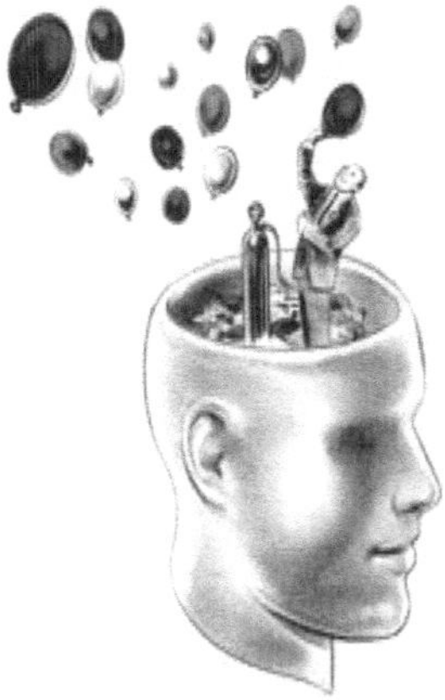

নেতিবাচক চিন্তাধাৰাৰ পৰা মুক্তি পাওক

✍ এষাৰ পুৰণি কথা আপুনি নিশ্চয় শুনিছে-***কোনো ব্যক্তিয়ে দুখন নাওত ভৰি দি আগবাঢ়িব নোৱাৰে।***

এনেদৰেই মইও কব বিচাৰো যে ***কোনো ব্যক্তিয়ে এটা সময়ত দুখন ৰাস্তাত আগবাঢ়িব নোৱাৰে।*** যি কেনো ঠাইলৈ গৈ পাবৰ বাবে আপুনি এখন ৰাস্তা নিৰ্ধাৰিত কৰিব লাগিব। ই আপোনাৰ বুদ্ধিৰ ওপৰত নিৰ্ভৰ কৰে যে আপুনি দিঘলীয়া, উখুৰ-মুখুৰা, ভাগৰ লগোৱা ৰাস্তা নিৰ্ধাৰিত কৰে নে সৰু মনৰ ৰুচিৰ আৰু শান্তিৰে ভৰা। এইদৰে যদি আপোনাৰ মনত সন্দেহ থাকে তেনেহ'লে তাত বিশ্বাস নহ'ব। এনেদৰে নহ'ব যে কোনো স্থান, স্থিতি, কৰ্ম বা লক্ষ্যক লৈ আপোনাৰ মনত সন্দেহ থাকিব আৰু এনেদৰে বিশ্বাস থাকে যে আপুনি পৰিস্থিতিক জয় কৰি লব আৰু কামক পুৰা কৰিব লব অথবা লক্ষ্যত উপণিত হ'ব।

যেতিয়লৈকে আপুনি আপোনাৰ মস্তিস্কৰ পৰা **'কৰিব নোৱাৰো',**

'হ'ব নোৱাৰে' বা **'অসম্ভৱ হয়'** আদিৰ দৰে শব্দক উলিয়াই নিদিব, তেতিয়ালৈকে উন্নতি কৰিব নোৱাৰিব, শক্তিশালী হ'ব নোৱাৰিব। যেতিয়ালৈকে আপোনাৰ মনত এনে ভাৱ থাকিব যে মই দুৰ্বল হয়, অযোগ্য হয়, তেতিয়ালৈকে আপুনি দুৰ্বল আৰু অযোগ্য হৈ থাকিব। সংসাৰৰ কোনে শক্তিয়ে আপোনাৰ বৰ্তমানৰ অৱস্থাক সলনি কৰিব নোৱাৰিব, যেতিয়লৈকে আপুনি আপোনাৰ চিন্তাধাৰা পৰিৱৰ্তন নকৰে।

অধিকাংশ লোকৰ জীৱনত উন্নতি নোহোৱাৰ কাৰণ এক প্ৰকাৰে নিৰাশাৰ ভাৱ হয়। তেওঁলোকে জীৱনক এক স্থায়ী সংকট বুলি মানে। তেওঁলোকে জীৱনভৰ অসন্তুষ্ট আৰু নিৰাশ হৈ থাকে। প্ৰত্যেক কামত সন্দেহ কৰাটো তেওঁলোকৰ অভ্যাসত পৰিণত হয়। যদি আপুনি তেওঁলোকক কোনো ভাল আৰু উজ্বল কামৰ বাবে পৰামৰ্শ দিব তেনেহ'লে তাতো তেওঁলোকে সন্দেহ কৰিব যে আপুনি আপোনাৰ স্বাৰ্থৰ বাবে তেওঁলোকৰ ওচৰলৈ আহিছে। ইয়েই কাৰণ যে এনে ব্যক্তিয়ে জীৱনত কেতিয়াও প্ৰসন্ন হৈ থাকিব নোৱাৰে। এনে লোক নিজৰ দূষিত চিন্তাধাৰাৰে, নিজৰ বেয়া অভ্যাসেৰে আনকো উৎসাহহীন কৰি দিয়ে। নিজৰ দুৰ্বল বিচাৰে তেওঁলোককো প্ৰভাৱিত কৰে যি লোক তেওঁলোকৰ সম্পৰ্কত আহে আৰু ইয়াত তেওঁলোকৰ পৰিজন, মিত্ৰই অধিক থাকে।

যি লোকৰ জীৱনত নিৰন্তৰে দুখ, নিৰাশা আৰু সংকট থাকে তেওঁলোকে জীৱনত কেতিয়া সুখ-শান্তি নাপায় আৰু সন্তুষ্টিও নাপায়। তেওঁলোকে জীৱনত কেতিয়াও উল্লেখনীয় কাম কৰিব নোৱাৰে আৰু অসফলতা তেওঁলোকৰ ভাগ্য হৈ পৰে। এনেদৰে কিছুমান লোকে জীৱনৰ বিষম ঘটনাক তেওঁলোকৰ দুৰ্ভাগ্যৰ প্ৰতীক বুলি ভাৱে। তেওঁলোকে দুখ, সংকট, ভুল আৰু দোষক সদায় নিজৰ জীৱনত প্ৰৱেশ কৰিব দিয়ে। তেওঁলোকে কোনো ভুল, সংকট, দোষ, দুখ বা অসফলতাৰে কোনো শিক্ষা নলয় তাৰেই মাৰ্মিক কাহিনী কৰি লিখে আৰু সকলোকে তেওঁলোকৰ

দুঃখৰ কাহিনী শুনাই নিজৰ প্ৰতি সহানুভূতি গোটাবলৈ চেষ্টা কৰে।

এনে লোকক স্বামী বিবেকানন্দৰ এই উক্তিক সদায় মনত ৰাখিব লাগে-

‘কষ্ট আৰু চিন্তাই তোমাক সেইকাৰণে আমনি কৰে কাৰণ তুমি পলাই ফুৰিছা। যেতিয়াই তুমি স্হিৰ হৈ সন্মুখীন হ’বলৈ সাঁজু হ’বা তেতিয়া সকলো ফালে ভয়, দুখ, নিৰাশা আৰু সংকট নিজে নিজে আতৰি যাব। যদি তুমি সংঘৰ্ষ কৰিবলৈ মন দৃঢ় কৰিবা তাৰ পিছত চাবা ইয়াৰ চমৎকাৰ।

এই চমৎকাৰ আপোনাৰ জীৱনত ঘটাতো চাব বিচাৰেনে? যদি বিচাৰে, তেনেহ’লে সাঁজু হোৱা। ভাগ্যৰ পোহৰ আপোনাৰ মূৰত পৰি জিলিকিবৰ বাবে সাজু হৈছে। এতিয়া চকু মেলক।

---●---

আপোনাৰ এক ইতিবাচক চিন্তাধাৰাই
আপোনাৰ বাবে হেজাৰ হেজাৰ
সম্ভাৱনাৰ দ্বাৰ খুলি দিব পাৰে।

-সূৰ্য সিন্‌হা

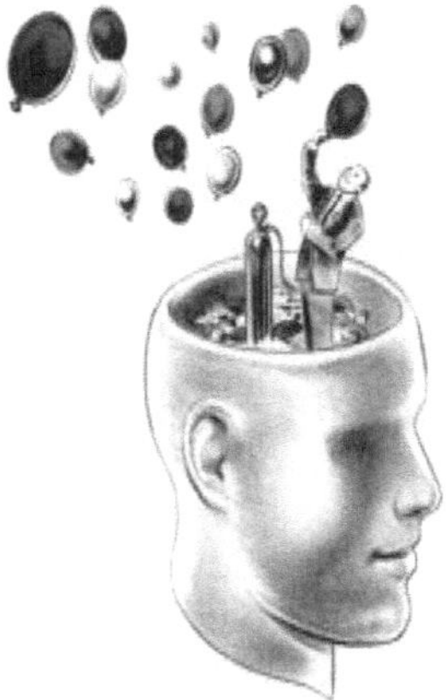

সদায় শিকি থাকক

মই দেখা পাইছো যে কিছুমান লোকে যদি কোনো এটা কামত অসফল হৈ যায় তেতিয়া তাকেই তেওঁলোকৰ ভাগ্য বুলি মানি লয়। যি ভুল পথত তেওঁলোক গৈ আছিল, তেওঁলোকে বাৰে বাৰে কোনো প্ৰস্তুতি নকৰাকৈ, নিজকে পৰিৱৰ্তন নকৰাকৈ সেই ৰাস্তাত আগবাঢ়ে আৰু নিৰন্তৰে অসফল হৈ যায়। নিজৰ ভুল আৰু অভাৱক জানিবলৈ চেষ্টা নকৰো আৰু কোনো নতুন কথা শিকিবলৈ ইচ্ছা নাৰাখে।

নিশ্চয় মনুষ্য মাত্র ভুলৰ পুতলা হয়। আমি অনেক বাৰ ভুল কৰো। কেতিয়াবা আমি আমাৰ লক্ষ্য নিৰ্ধাৰণ কৰাত ভুল কৰো আৰু অসফল হওঁ আৰু কেতিয়াবা কোনো ভুলক কৰো। ***কিন্তু আমি শীঘ্ৰে সেই ৰাস্তাক এৰিব লাগে। ইয়াৰ পিছৰ ভুলৰ পৰা বচাৰ ই একমাত্ৰ উপায় হয়।***

যি লোকে নিজকে ভালদৰে আকলন নকৰি জীৱনৰ লক্ষ্য নিৰ্ধাৰণ কৰাৰ ভুল কৰে বা কোনো অযথা কামত সময় ব্যতীত কৰে, তেওঁলোকক আপুনি সেই ৰাস্তাক এৰাৰ পৰামৰ্শ দিলে তেওঁলোকে সুধিব-

"নহ'লে কি কৰো?"

উত্তৰ হয়-"কোনো অন্য কাম কৰা।"

তেওঁলোকৰ উত্তৰ হ'ল-'আৰু অন্য কোনো কাম নাজানো।'

পৰামৰ্শদাতা- 'তেতিয়াহ'লে শিকা।'

তেওঁলোকে এই পৰামৰ্শক নেওচি কৰি দিয়ে যে-

'এতিয়া আৰু নতুনকৈ শিকাৰ সময় ক'ত আছে।'

'এতিয়া নতুনকৈ শিকাৰ বয়স ক'ত আছে।'

মনত ৰাখিব-মই প্ৰথমতেই স্পস্ট কৰিছো যে শিকিবৰ বাবে কোনো বয়সৰ সীমা নাথাকে। কেৱল মনুষ্যৰ গাত শিকাৰ উৎসাহ থাকিব লাগে।

এজন জাপানৰ ব্যক্তিয়ে ৪0 বছৰ বয়সত জাৰ্মান ভাষা শিকে আৰু বহুতো জাৰ্মান কিতাপ জাপানৰ ভাষালৈ অনুবাদ কৰে যাতে তেওঁৰ দেশৰ যুৱক-যুৱতীয়ে কিছুমান নতুন জ্ঞান পাব পাৰে। তেওঁৰ নিজৰ দেশৰ যুৱক-যুৱতীক কিছু শিকাবলৈ আৰু কিছু সাৰ্থকতা দিবৰ বাবে সেই বয়সতো তেওঁ সমাজৰ হিতৰ বাবে কাম কৰে যেতিয়া সেই সময়ত মানুহে অন্তিম যাত্ৰা কৰে।

উপৰোক্ত উদাহৰণত আৰু এটা কামৰ কথা লুকাই আছে। সেয়া হ'ল-

যদি আপোনাৰ উদ্দেশ্য ভাল হয়, তেনেহ'লে আপুনি অসম্ভৱক সম্ভৱ কৰি দেখুৱাব পাৰে।

যিমান দূৰলৈ সময়ৰ কথা আহে, মানুহৰ ওচৰত সময়ৰ অভাৱ নহয়। তেওঁলোকে এই সময়ত নিজৰ অসফলতাৰ কাহিনী শুনাই থাকিব পাৰে, কিন্তু সেই সময়ক কিছুন নতুন কাম কৰাত, কিছু নতুন বস্তু শিকাত লগাব নোৱাৰে। আমাৰ দেশৰ অধিকাংশ লোক এই ৰোগত গ্ৰস্ত হয়। এই অৱস্হাই তেওঁলোকৰ জীৱনক ঘোনৰ দৰে কুটি কুটি খাইছে, কিন্তু তেওঁলোক সজাগ নহয়।

যদি বাস্তৱত জীৱনৰ আনন্দ লব বিচাৰে, তেনেহ'লে, উঠা, জাগা, শিকা, নতুন কাম কৰা আৰু নতুনকৈ ভাৱা। ইয়েই সুখ-আনন্দৰ মূলমন্ত্ৰ।

মনত ৰাখিবঃ

যি নিম্ন চিন্তাধাৰাত লীন হৈ থাকে, তেওঁ নৰকতো স্থান নাপায়। যি উচ্চ আনন্দ দায়ক ভাৱনাত লীন হৈ থাকে, তেওঁ স্বৰ্গৰ সুখ পায়, এই ক্ষণৰ উপভোগ কৰি আছে।

---●---

কোনো এটা চিন্তাধাৰাৰ বাবে পূৰ্ণ
সমৰ্পণেই তাৰ সম্পূৰ্ণ সফলতাক
নিশ্চিত কৰি দিয়ে।

-সূৰ্য সিন্‌হা

অহংকাৰ এৰি আগবাঢ়া

✍ মানুহক কিছু নতুন বস্তুৰ শিকাত সকলোতকৈ ডাঙৰ বাধা হ'ল, তেওঁৰ অহংকাৰ। অহংকাৰে তেওঁক তল পৰিব নিদিয়ে আৰু বিনম্ৰ নোহোৱাকে, আপুনি একো শিকিব নোৱাৰে।

প্ৰিয় বন্ধুস! সেইকাৰণে ইয়াক কেতিয়াও পাহৰিব নালাগে যে বিনম্ৰতা সেই গুণ হয় যি ব্যক্তিক গ্ৰহণযোগ্য কৰে আৰু জীৱনৰ মূল্যৱান সূত্ৰ শিকাৰ যোগ্য কৰে।

কিন্তু কিছুমান লোকে নিজৰ অহংকাৰৰ কাৰণে একো শিকিব নোৱাৰে। তেওঁলোকে সদায় এনেদৰে ভাৱে যে সংসাৰত সকলোতকৈ অধিক বুদ্ধিমান তেওঁ হয় আৰু সকলোতকৈ বেছি জানে। তেওঁলোকক কোনেও নতুন কথা শিকাব নোৱাৰে আৰু তেওঁলোকৰ এনে ভ্ৰম হয় যে তেওঁলোকক কোনোবাই কি শিকাব পাৰিব আৰু এনেদৰে ভাৱে শিকোৱাজন তেওঁলোকতকৈ সৰু বা যোগ্যতাত কম। এনে চিন্তাধাৰাৰ কাৰণে তেওঁলোকক এনেদৰে ভয় থাকে যে যদি তেওঁলোকে কিছু কথা

শিকিবলৈ যায় তেতিয়াহ'লে তেওঁলোকক শিকোৱা ব্যক্তিৰ ওচৰত সৰু হ'ব লগীয়া হ'ব। কিন্তু তেওঁলোকে নাজানে যে কাৰোবাৰ পৰা কিছু শিকি তেওঁলোকে সৰু নহয় বৰং অভিজ্ঞ, গুণী আৰু ডাঙৰ মানুহ হ'ব পাৰে। কিন্তু তেওঁলোকৰ শিকাৰ একগ্ৰতা আৰু বিনম্ৰতা নাথাকে, যাৰ কাৰণে এনে লোক কুঁৱাৰ ভেকুলীৰ দৰে সদায় এনেদৰে ভাৱি থাকে যে সংসাৰৰ সকলোতকৈ ডাঙৰ জলাশয়ত থাকে। এনে লোক সকলে নিজৰ অহংকাৰক নিজকে বিজয়ী মানে কিন্তু জীৱনৰ ক্ষেত্ৰত তেওঁলোক সদায় পৰাজয় হৈ থাকে।

কোনো বিশ্ববিখ্যাত ব্যক্তি এযাৰ কথা কৈছে যে-

"যদি কোনো সামান্য ব্যক্তিৰ ওচৰতো কোনো প্ৰতিভা থাকে তেতিয়াহ'লে বুদ্ধিমান ব্যক্তিয়ে তেওঁক গুৰু হিচাপে মানি তেওঁৰ পৰা প্ৰতিভা শিকিব লাগে।"

গতিকে অহংকাৰৰ স্হানত যদি আপুনি আপোনাৰ মনত বিনম্ৰতাক স্হান দিব তেতিয়াহ'লে শিকাৰ ভাৱনা আৰু লালস আপোনাৰ মনত নিজে নিজে জাগি উঠিব।

যেতিয়া আপোনাৰ মনত কিছু কাম নতুন কৰা, কিছু নতুন শিকাৰ ভাৱনা জাগি যায় তেতিয়া আপোনাৰ চিন্তাধাৰাতো তীব্ৰ পৰিৱৰ্তন আহি যায়। আপোনাৰ চিন্তাধাৰাত বিপ্লৱৰ সৃষ্টি হয়, আপোনাৰ চিন্তাধাৰাত গভীৰতা আহি যায়। আপোনাৰ ব্যক্তিত্ব প্ৰভাৱশালী হৈ জিলিকি উঠে। আপোনাৰ আত্মবিশ্বাস তীব্ৰ গতিত বৃদ্ধি পায় আৰু আপোনাৰ উৎসাহ কোনো বিজয়ীৰ দৰে হৈ যায়।

মনত ৰাখিবঃ

যি বিনম্ৰ হয়, তেওঁৰেই শ্ৰেষ্ঠ পৰিণাম পায়।

কোনো কোমল বস্তুক চেপি আপুনি যি কোনো ৰূপ দিব পাৰে, কিন্তু

কোনো টান বস্তুক নতুন ৰূপ দিয়াৰ বা চেপি দিয়াৰ চেষ্টা কৰিলে ই ভাঙি যাব, গতিকে কোমল হওক। ডাঙৰ সফলতা পাবৰ বাবে আপোনাৰ ওচৰত পৰ্যাপ্ত কোমলতা থাকিব লাগে।

কোনো বিদ্বানে এটা বহুত ডাঙৰ কথা কৈছে-

"বুজা-পৰা ব্যক্তিয়ে আঘাত পালে শিকি লয়। বুদ্ধিমান ব্যক্তিয়ে আঘাত নোপোৱাকৈ আনৰ অভিজ্ঞতাৰ পৰা শিকি লয়, কিন্তু মূৰ্খই আঘাত পোৱাৰ পিছতো নিশিকে।"

এতিয়া আপোনাৰ কথা যে আপুনি কিছু নতুন আৰু ভাল কথা শিকিব বিচাৰেনে বা নিবিচাৰে, আপুনি আপোনাৰ নিৰ্ণয়ৰ লবৰ বাবে স্বাধীন হয়।

এক সন্তৰ মত ইয়াক আৰু স্পষ্ট কৰি দিব। তেওঁ কয়-

"আপুনি স্বাধীন হয় যি কোনো হ'বৰ বাবে। আপোনাৰ আভ্যন্তৰিণ শক্তিৰ বলত আপুনি বিচাৰিলে আপুনি আপোনাৰ জীৱনক দিব্য ৰূপ দিব পাৰে আৰু বিচাৰিলে দয়নীয়। আপুনি সম্পূৰ্ণ স্বাধীন হয়। আপোনাৰ চিন্তাধাৰা, বুদ্ধি, বিশ্বাস, নিষ্ঠা আৰু পৰিশ্ৰমৰ দ্বাৰা আপুনি বিচাৰিলে আপোনাৰ বাবে এক স্বৰ্গৰ নিৰ্মাণ কৰিব পাৰে আৰু বিচাৰিলে নৰক। এই সকলো আপোনাৰ অধিকাৰ ক্ষেত্ৰত পৰে।"

মই আপোনাক বিনম্ৰতাৰে পৰামৰ্শ দিওঁ যে অহংকাৰক ত্যাগ কৰি কিছু নতুন কথা শিকাৰ সংকল্প লওক। অহংকাৰে আপোনাক অনিষ্টকাৰী পৰিস্হিতিত ৰখাৰ ষড়যন্ত্ৰ কৰে, আপুনি বিচাৰিলে ইয়াক সহজতে নাকচ কৰি কিছু সাৰ্থক শিকিবৰ বাবে আগবাঢ়িব পাৰে।

ইয়াত মই বিশ্ববিখ্যাত চিন্তক ইমার্চনৰ এই বক্তব্য নিশ্চয় আপোনাৰ আগত প্ৰস্তুত কৰিব বিচাৰো। আপুনি নিজে দেখা পাব যে ইমান ডাঙৰ চিন্তাবিদো কিছু শিকাৰ প্ৰসংগত কি মনোভাৱ ৰাখে, কি দৃষ্টিকোণ ৰাখে-

"যি যি ব্যক্তিক মই লগ পাওঁ, তেওঁ কিবা নহয় কিবা ৰূপত মোতকৈ শ্ৰেষ্ঠ হয় আৰু এইদৰে মই সদায় তেওঁলোকৰ কিছু শিকিব পাৰিছো।"

---●---

ভুলতো মূৰ্খ আৰু নেতিবাচক চিন্তাধাৰা থকা লোকক লগ নকৰিব, কাৰণ তেওঁলোকক লগ কৰাৰ পিছত যদি আপুনি বুদ্ধিমান হয় তেনেহ'লে আপোনাক গাধ দেখা দিব আৰু যদি আপুনি বুদ্ধিমান নহয় তেনেহ'লে আপুনি আৰু অধিক মূৰ্খ দেখা দিব।

-সূৰ্য সিন্‌হা

আপুনি আপোনাৰ বিশ্বাসৰ চাবিৰে, আপোনাৰ বিকাশৰ অদ্ভুত দ্বাৰক সহজতে খুলিব পাৰে।

-সূৰ্য সিন্‌হা

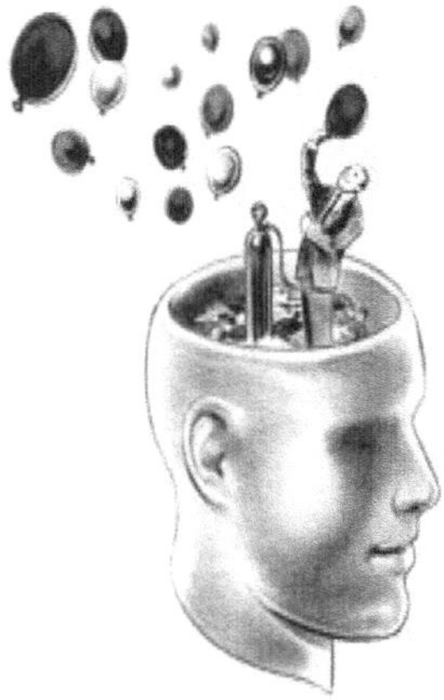

আত্মবিশ্বাসে খুলে বহুতো দ্বাৰ

✍ প্ৰসিদ্ধ ধৰ্ম-গ্ৰন্থ বাইবেলত লিখা আছে-**"ব্যক্তিৰ মনত যেনেকুৱা বিশ্বাস আৰু শ্ৰদ্ধা থাকিব, তেওঁ তেনেকুৱা ফল পাব। বিশ্বাস আৰু শ্ৰদ্ধাই ব্যক্তিৰ সকলোতকৈ ডাঙৰ পুঁজী হয়।"**

প্ৰিয় বন্ধু! বিশ্বাস, শ্ৰদ্ধা আৰু উৎসাহ এনে মহান শক্তি হয় যি যি কোনো ব্যক্তিক সফলতাৰ শিখৰলৈ লৈ যাব পাৰে। কিন্তু এই শক্তিও ব্যক্তিয়ে তেতিয়াহে জগাব পাৰে, যেতিয়া তেওঁৰ চিন্তাধাৰা ইতিবাচক হয়। ইতিবাচক চিন্তাধাৰাই ব্যক্তিক নিজৰ যোগ্যতাৰ ওপৰত বিশ্বাস কৰিব পাৰে।

নিজৰ যোগ্যতাৰ ওপৰত বিশ্বাস কৰা ব্যক্তিয়ে বাহ্যিক আৰু আভ্যন্তৰিণ সকলো শক্তিক জাগ্ৰত কৰি দিয়ে।

অলপ ভাৱি চাওক যে বিশ্বাসে কি কি কৰিব পাৰে। বিশ্বাসে আমাক অগাধ সাগৰৰ মাজেদি লৈ যায় আৰু সময়ত গগন চুম্বী পাহাৰক পাৰ কৰাৰ সৰলতাক অনুভৱ কৰাই। ইয়েই বিশ্বাসৰ শক্তি হয়।

2008 ৰ অলিম্পিকত অভিনৱ বিন্দ্ৰাই যি জয় কৰে, সাধাৰণতে

সেয়াই তেওঁৰ নিজৰ যোগ্যতাৰ ওপৰত বিশ্বাসৰ জয় প্ৰথমে হয়। তেওঁৰ চিন্তাধাৰা আৰম্ভণিৰ পৰাই এক বিজয়ীৰ দৰে **মই জয় কৰিব পাৰো আৰু মই জয় কৰিব** লাগে ৰ আছিল। এই বিশ্বাসে কিদ্ৰাক বিশ্ববিজেতা কৰি দিয়ে।

বিশ্বাসত এক এনে দৃষ্টি আছে, যিটো সৌভাগ্যৰ সেই সৰু কিদুকো দেখা পাব পাৰে যাক আমাৰ চকুৱে মনিব নোৱাৰে। এই বৰদান আমাৰ ভিতৰত আছে, কিন্তু আমি তাৰ জ্ঞানক নাজানো। কিন্তু তেওঁৰ সেই জ্ঞান নিশ্চয় থাকে, যিয়ে নিজৰ ওপৰত বিশ্বাস ৰাখে।

বিশ্বাস আমাৰ শৰীৰৰ ভিতৰত এক আধ্যাত্মিক গুৰুৰ দৰে থাকে আৰু ই জীৱনভৰ আমাক প্ৰেৰণা আৰু উৎসাহ প্ৰদান কৰাৰ লগতে আমাৰ পথপ্ৰদৰ্শনো কৰাই থাকে।

বিশ্বাসে আমাক সদায় আমাৰ স্হিতিক অনুভৱ কৰাই, বিশ্বাসে কয়-'আগবাঢ়ি গৈ থাকা।'

ই আমাক কেতিয়াও হতোৎসাহিত নকৰে।

গতিকে যদি আপুনি সফলতা পাব বিচাৰে আৰু জীৱনত কিছু হ'ব বিচাৰে তেনেহ'লে নিজৰ বিশ্বাসক জগাওক। নিজৰ ওপৰত বিশ্বাস ৰাখক। মই দাঠি মাৰি কব পাৰো যে সফলতা আপোনাৰ ভৰিত স্পৰ্শ কৰিবই।

যি কোনো কামত সফলতাৰ পাবৰ বাবে মনত এই ভাৱনা থাকিব লাগে যে-মই এই কাম কৰিব পাৰো।

এই আত্মবিশ্বাসে আমাক সেই ৰাস্তা দেখুৱাই, য'ত আমি আমাৰ লক্ষ্যত উপণিত হওঁ।

ই বিশ্বাসৰ সেই শক্তি হয় যিটো আমাক ডাঙৰ-ডাঙৰ কাম কৰিবলৈ প্ৰেৰণা দিয়ে।

মই কিছুমান লোকক প্ৰায়ে এনেদৰে কোৱা শুনো-

'যদি মোৰ গাত যোগ্যতা আছে, তেতিয়াহ'লে মই এই কামক নিশ্চয়ে

কৰিলোহেঁতেন আৰু সংসাৰক আচৰিত কৰি দিলোহেঁতেন।'

'যদি মোৰ গাত এইটো গুণ থকাহেঁতেন, এই কামক কৰাটো মোৰ বাবে সহজ হ'লহেঁতেন।"

এনে ধাৰণা একেবাৰে ভুল হয়। যোগ্যতাৰ পূৰ্বে আৱশ্যক হয়-কাম কৰাৰ ভাৱনা। ইচ্ছাশক্তিৰ। যদি আপোনাৰ ওচৰত কাম কৰাৰ ইচ্ছা নাই তেতিয়াহ'লে যোগ্যতাই কি কৰিব ?

মই এনে বহুতো যুৱকক দেখিছো যাৰ গাত কাম কৰাৰ ইচ্ছা আছিল, কিন্তু যোগ্যতা নাছিল। তেওঁলোকে আগবাঢ়ি গৈছে সেইটো কাম কৰিবৰ বাবে আৰু ভুলৰ পৰা শিক্ষা লৈ সেই কাম কৰাত যোগ্যও হৈ যায়। এনে যুৱকো আছে যাৰ যোগ্যতা থকাৰ সত্বেও মনে মনে বহি থাকে।

আপোনাৰ গাত কিছু ভাল কাম কৰাৰ ভাৱনা থাকিব লাগে, লগতে নিজৰ ওপৰত সম্পূৰ্ণ বিশ্বাস থাকিব লাগে- এই দুটা মূল্যৱান বস্তু হয় যিটো যিকোনো সময়ত সফলতা দিয়াবলৈ পৰ্যাপ্ত হয়।

মনত ৰাখিবঃ

গুণ আৰু যোগ্যতা সকলোৰে গাত থাকে, কিন্তু বিশ্বাসৰ ভাৱনা আৰু কাম কৰাৰ ইচ্ছা সকলোৰে নাথাকে।

যদি আপুনি নিজৰ ওপৰত বিশ্বাস ৰাখে, কাম কৰিবলৈ ইচ্ছুক হয়, আপোনাৰ চিন্তাধাৰা ইতিবাচক হয়, তেনেহ'লে আপুনি গুৰুত্বপূৰ্ণ কাম কৰিবলৈ অনেক সুযোগ প্ৰাপ্ত কৰিব। কিন্তু যদি আপোনাৰ মনত বিশ্বাসৰ ভাৱনা নাথাকে, কাম কৰাৰ ইচ্ছা আৰু চিন্তাধাৰা ধনাত্মকতা নাথাকে,

তেতিয়াহ'লে আপুনি কেতিয়াও সুযোগ প্ৰাপ্ত নকৰিব, কাৰণ এই গুণৰ অভাৱৰ কাৰণে আপোনাৰ ওচৰত সেই দৃষ্টিভঙ্গী নাথাকিব যিটো সুযোগক চিনি পাব পাৰি, সেই তৎপৰতাই নাথাকিব যৰ পৰা সুযোগক ধৰি লাভ উঠাব পাৰে। এইদৰে আপুনি য'ত আছে, যেনেকুৱা হৈ আছে, তাত আৰু তেনেকুৱা হৈ থাকিব। কোনো বৈপ্লৱিক, যোগ্যতাৰ পৰিৱৰ্তন আপোনাৰ জীৱনত নাহিব।

মনত ৰাখিব-

"বিশ্বাস সেই শক্তিৰ ভিতৰত এটা হয় যিটো মনুষ্যক জীয়াই ৰাখে, বিশ্বাসৰ অভাৱেই জীৱনৰ অন্ত হয়।"

---●---

যদি আপোনাক কোনোবাই কৈছে যে আপুনি সেই কাম কৰিব নোৱাৰিব, তেতিয়াহ'লে সেই সময়ত আপুনি নিশ্চিত কৰি লওক যে আপুনি সেই কামক কৰি দেখুৱাব আৰু এদিন আপুনি সেই কাম কৰি দেখুৱাই, তেতিয়া সেই কামক পুৰা কৰাৰ যি সুখ আপুনি পাব, সেইটোৱেই আপোনাৰ জীৱনৰ সকলোতকৈ ডাঙৰ সুখ হ'ব।

-সূৰ্য সিন্‌হা

প্ৰকৃতিৰ পৰা আমি সুখ-দুঃখ
সেই অনুপাতে পাওঁ যি অনুপাতত
আমি সমাজক দিওঁ।

-সূৰ্য সিন্‌হা

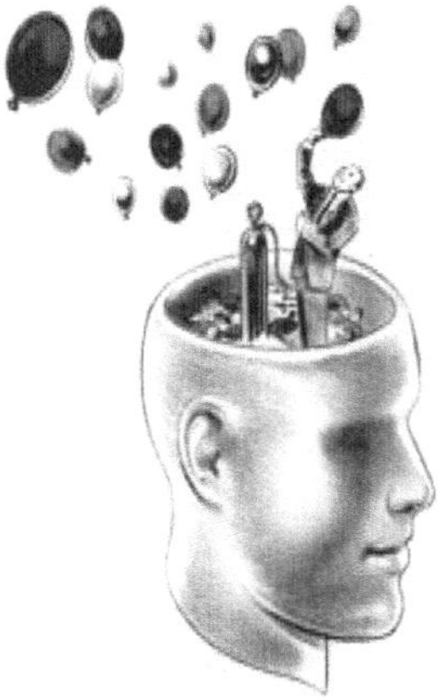

ভাবকঃ মনুষ্যৰ জন্ম কিয়

✍ আপুনি কেতিয়াবা নিজৰ বিষয়ে ভালদৰে ভাবিছেনে? কেতিয়াবা ভাবিছেনে যে আপোনাৰ জন্ম কি কাৰণে হৈছে। আপুনি কি হয়, কি কৰিছে? আপুনি এইটো সময়ত কি হয়? আপুনি কি হ'ব বিচাৰে? আপুনি বৰ্তমান জীৱনত সন্তুষ্ট হয়নে?

যিমান দূৰলৈকে জীৱন কটোৱাৰ কথা আহে জন্তুও নিজৰ জীৱন কটায় আছে। কিন্তু ভাবক, আপোনাৰ আৰু জন্তুৰ মাজত কি অন্তৰ আছে? আপুনি জন্তু নহয় মনুষ্য হয়। তেতিয়াহ'লে এটা স্হানত বহি থাকি কেৱল পেট ভৰাকেই কিয় জীৱন বুলি মানে। আমি সকলোৱে জানো যে এদিন এই নশ্বৰ শৰীৰ মৃত্যুক সাৱতিব লাগিব। কিন্তু আত্মা অমৰ হয়, তাক সন্মান দিবৰ বাবে আপুনি আপোনাৰ জীৱনত এনে কিছু কাম কৰিব লাগিব যিটো স্মৃতিদায়ক হয়। স্মৃতিদায়ক তেতিয়া হ'ব যেতিয়া আপুনি এনে কিছু কাম কৰিব যিটো কেৱল আপোনাৰ বাবেই নহয় বৰং সমস্ত মানৱতাৰ বাবে ভাল হয়।

স্বামী বিবেকানন্দই কৈছে-

“উঠা আৰু কামত লাগি যোৱা। এই জীৱন কিমান দিনৰ হয়? তুমি এইখন সংসাৰলৈ আহিছা যেতিয়া, কিছু চিহ্ন এৰি যোৱা, অন্যথা তুমি আৰু পশুৰ মাজত কি অন্তৰ থাকিব? পশুও জন্ম লয় জীৱন কটায় আৰু মৰি যায়।”

গম্ভীৰতাৰে ভাৱক যে আপুনি কি কৰিব লাগে, আপুনি কি কৰিব গৈ আছে? আপোনাৰ জীৱনৰ ৰাস্তা নিজে নিৰ্ধাৰণ কৰক। যদি আপোনাক এনে লাগে যে অমুক ৰাস্তায়েদি গ'লে আপুনি সফলতা পাব তেনেহ'লে আপোনাৰ মনত ক্ষমতাত জন্ম দিয়ক। আপোনাৰ চিন্তাধাৰাক দৃঢ় কৰক। আপুনি কাৰোৰে পৰা পৰামৰ্শ লোৱাৰ আৱশ্যকতা নাই। আপুনি আপোনাৰ আত্মাক সুধক, আত্মাই আপোনাক উত্তৰ দিব যে আপুনি কি কৰিব লাগে আৰু কেনেদৰে কৰিব লাগে। আপুনি নিজে আপোনাৰ দায়িত্বক বুজি প্লেনিং কৰক।

সকলোতকৈ আগত আপোনাৰ বিষয়ে নহয়, আনৰ বিষয়ে ভাৱক যে আনক আপুনি কি দিব পাৰে? সকলোৰে উন্নতিৰ ভাৱনাৰ চিন্তাধাৰা মনত ৰাখক। কিছু দিয়াৰ ভাৱনাই কিছু পোৱাৰ মূল মন্ত্ৰ হয়। যেতিয়া আপোনাৰ কিছু দিয়াৰ ভাৱনা থাকিব তেতিয়া আপোনাৰ আৰু পশুৰ মাজত অন্তৰ আহি যায়। আপুনি শ্ৰেষ্ঠ হৈ যায়। পশুৱে কেৱল নিজৰ পেট ভৰাই, এই গুণ প্ৰভুৱে মনুষ্যকেই দিছে যে তেওঁ সমাজকো দিব পাৰে। মনুষ্য হৈ যি আনৰ হিতৰ কথা নাভাৱে, তেওঁ পশুৰ তুল্য হয়।

মনত ৰাখিবঃ

“আমি আনক যি দিওঁ, বাস্তৱত সেই সকলো আমি নিজকে দিওঁ, কাৰণ আমি দিয়া বস্তু

আমিয়েই আকৌ পাওঁ। আনক দুখ দিয়াৰ ভাৱনাৰ ফলত আমি দুখ পাওঁ। যদি আমি আনৰ সুখৰ কামনা কৰো, তেন্তে আমি নিজে সুখ পাওঁ। আনৰ সফলতাৰ ভাৱনাই আমাকো সফলতাৰ ফালে অগ্ৰসৰ কৰে। এইদৰে ইতিবাচক চিন্তাধাৰাই আমাক শ্ৰেষ্ঠৰ পৰা শ্ৰেষ্ঠতা কৰি দিয়ে।"

চিন্তাধাৰাক নিৰন্তৰে জুখি থাকক

ব্যক্তিক নিজৰ মনত উৎপন্ন হোৱা নেতিবাচক চিন্তাধাৰাক নিৰন্তৰে জুখি থাকিব লাগে। জুখা চিন্তাধাৰা শক্তিশালী হয় আৰু শাক্তিশালী চিন্তাধাৰা বাস্তৱিক ৰূপ লয়। চিন্তাধাৰা উৎপত্তি মনৰ পৰা হয়। তাৰ পিছত ই বাস্তৱত পৰিণত হয়। আমাৰ চিন্তাধাৰা যেনেকুৱা হয়, আমাৰ ব্যৱহাৰো তেনেকুৱা হয়। জীৱনক সজোৱা আৰু নষ্ট কৰা আমাৰ হাতত আছে আৰু ইয়াৰ গোটেই শক্তি আমাৰ চিন্তাধাৰাৰ ওপৰত নিৰ্ভৰ কৰে।

নেতিবাচক চিন্তাধাৰাৰ ব্যক্তি জীৱন কেতিয়াও সুখময় হ'ব নোৱাৰে। নিজৰ লক্ষ্য পাবৰ বাবে ইতিবাচক আৰু উন্নতশীল চিন্তাধাৰা প্ৰস্তুত কৰক আৰু বুদ্ধি সততাৰে নিজৰ কাম কৰি থাকক। এইদৰে আপুনি নিশ্চয় সফল হ'ব।

আৰু অন্তত-

"জীৱনৰ প্ৰগতি চিন্তাধাৰা শক্তিৰ ওপৰত নিৰ্ভৰ কৰে। মনুষ্যই যেনেদৰে ভাৱে, তেনেকুৱা হৈ

যায়, সকলো ধৰণৰ কৰ্মৰ কাৰণ তেওঁৰ চিন্তাধাৰা হয়। তেওঁ সন্ত হওক বা ডকাইত, তেওঁৰ চিন্তাধাৰাই তেওঁক সেই ফালে লৈ যায়। তেওঁ সেই অনুসাৰে বাহ্যিক জগতত প্ৰস্তুত কৰে। যদি মনুষ্যই নিজৰ চিন্তাধাৰাৰ পৰিৱৰ্তন কৰি লয় তেনেহ'লে তেওঁৰ গোটেই ব্যক্তিত্বৰ পৰিৱৰ্তন হৈ যায়।"

---●---

ধনাত্মক চিন্তাধাৰাৰ যাদু

(ব্যৱহাৰিক অভ্যাস)

খণ্ড-2

ভাল চিন্তাধাৰাক যদি ব্যৱহাৰত প্ৰয়োগ কৰা যায় তেন্তে সেই চিন্তাধাৰা সৰ্বোত্তম হৈ যায় আৰু তাৰ পৰা মহান কাৰ্যৰ আৰম্ভ হৈ যায়।

-সূৰ্য সিন্‌হা

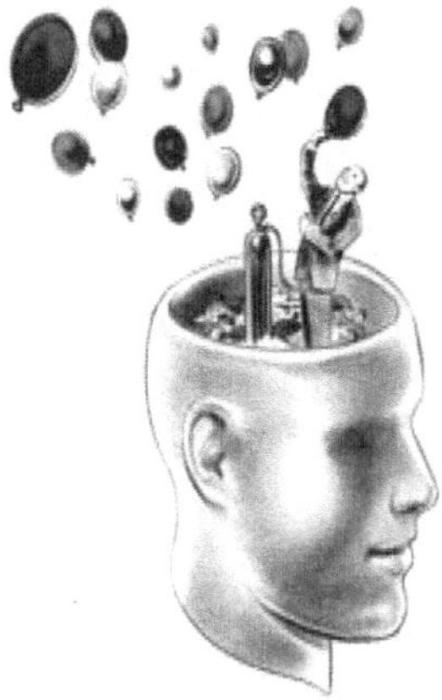

চিন্তাধাৰাত লুকাই থাকে সফলতা-অসফলতা

✍ প্ৰিয় বন্ধু! সফলতা-অসফলতা ব্যক্তিৰ চিন্তাধাৰাৰ ওপৰত নিৰ্ভৰ কৰে। যদি আমাৰ মনত সফল হোৱাৰ ভাৱনা থাকে আৰু আমি তাৰ বাবে নিস্থাৰে চেষ্টাও কৰো, তেন্তে আমাক সফল হোৱাৰ পৰা কোনেও ৰখাব নোৱাৰে। কিন্তু যদি আমাৰ চিন্তাধাৰা অসফলতাত থাকে তেনেহ'লে সফল হ'বৰ বাবে হাত-ভৰি চলালেও সংসাৰত কোনো শক্তিয়ে আমাক সফলতা দিয়াব নোৱাৰিব।

কিন্তু আমি সকলোৰে আগত ডাঙৰ প্ৰশ্ন হৈছে বৰ্তমান আমি সফলতাৰ ফালে আগবাঢ়িছোনে অসফলতাৰ ফালে।

অৱশ্যে ইয়াৰ সিদ্ধান্ত কঠিন নহয়। আমি নিজকে ইয়াক সহজতে কৰিব পাৰো। আমাৰ মনক দৃঢ় কৰি যেতিয়া আমি আমাৰ হৃদয়ত থকা ভয়, শংকা, দুবিধা আদিৰ দৰে বিকাৰৰ পৰা মুক্ত হৈ আমাৰ

আত্মবিশ্বাসক জগাই তুলিম, তেতিয়া নিঃসন্দেহে জাগি যায়, তাৰ পৰা সফলতা বেছি দূৰত নাথাকে। যিয়ে নিজৰ মনক অসফলতাৰ মনোভাৱৰ পৰা মুক্ত কৰি লয়, যিয়ে নিজৰ মনৰ দুৰ্বলতাৰ ওপৰত বিজয় পায়, তেওঁ জীৱনত কেতিয়াও, কোনো ক্ষেত্ৰত অসফল হ'ব নোৱাৰে।

---●---

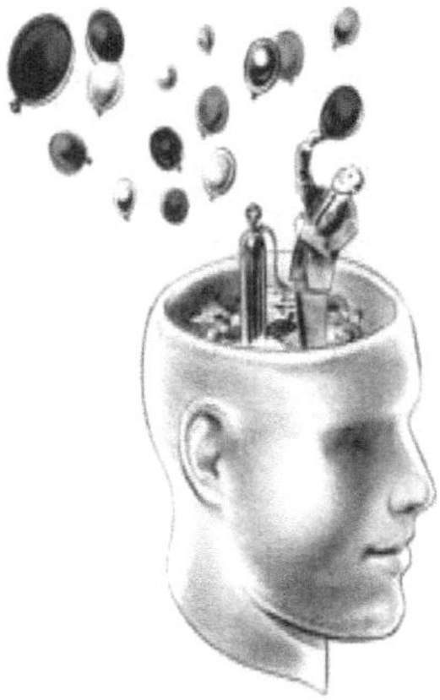

ভাল মানুহৰ সংগতিত থাকক

✍ আমাক লাগে যে যিদৰে আমি প্ৰতিদিনে আমাৰ ঘৰৰ চাফ-চিকুন কৰো, সেইদৰে আমাৰ মনকো প্ৰতিদিনে চাফ কৰি থাকিব লাগে, তেতিয়া আমাৰ প্ৰাকৃতিক শক্তি বিকাশশীল হৈ থাকিব।

জীৱনৰ যাত্ৰাত সদায় সকলোৰে লগত কিবা-নহয়-কিবা ঘটনা ঘটি থাকে যাৰ কাৰণে কেইবা প্ৰকাৰৰ ভাল আৰু বেয়া চিন্তাধাৰাও জন্ম লয়। এনে পৰিস্থিতিত যদি আপুনি আপোনাৰ বুদ্ধি সততাৰ প্ৰয়োগ কৰি কেৱল ইতিবাচক চিন্তাধাৰাক স্থান দিব তেনেহ'লে নেতিবাচক অথবা দূষিত চিন্তাধাৰাই আপোনাৰ মনত সোমাব নোৱাৰিব। কিন্তু যদি আপুনি কোনো সৰু নেতিবাচক চিন্তাধাৰা আপোনাৰ মনত স্থান দিব তেতিয়া সেই সকলো ইতিবাচক চিন্তাধাৰাক সেইদৰে লেতেৰা কৰি দিব, যেনেদৰে গেলি যোৱা ফলে বাকী সকলো ফলক গেলাই দিয়ে। সেইকাৰণে মনত ইতিবাচক, আশাপূৰ্ণ, উন্নতশীল, মিলনসাৰিতাৰ মনোভাৱ এনেদৰে ভৰাই লওক যাতে কোনো সংকীৰ্ণ নেতিবাচক চিন্তাধাৰা মনত সোমাব নোৱাৰে।

ইয়াক এনেদৰে বুজিব পাৰিঃ-

“যিকোনো ইতিবাচক আশাবাদী আৰু প্ৰগতিশীল ব্যক্তিয়ে জীৱনত এনে লোকৰ লগত ভুলতো সংগতি কৰিব নালগে যি বেয়া কামত লিপ্ত হৈ থাকে, যাৰ চিন্তাধাৰা নিৰাশাবাদী হয়, যি সূৰ্যৰ পোহৰতো চকু বন্ধ কৰি অন্ধকাৰৰ ফালে অগ্ৰসৰ হয়।

গতিকেঃ

সদায় ইতিবাচক আশাবাদী আৰু প্ৰগতিশীল চিন্তাধাৰাৰ লোকৰ লগত মিত্ৰতা কৰক যাতে সৌভাগ্যৰ প্ৰভাত জীৱন ফুলি উঠিব পাৰে।”

---●---

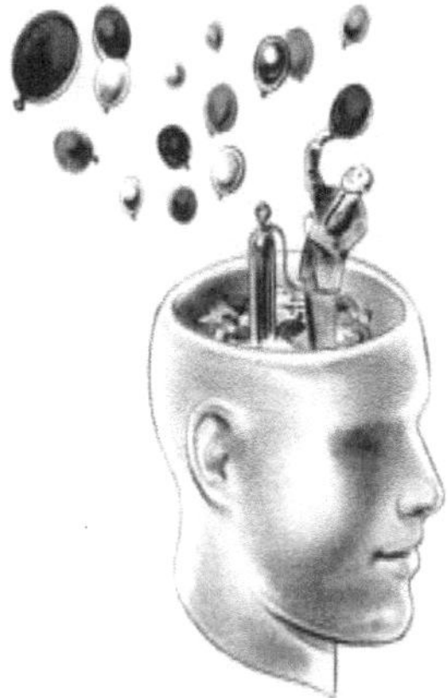

নিৰ্ণয়ৰ সময়

✍ ভয়, শংকা, অথবা নিৰাশাৰ পৰিস্থিতিত লোৱা নিৰ্ণয় কেতিয়াও সঠিক হ'ব নোৱাৰে।

সঠিক নিৰ্ণয় কেৱল সেই সময়ত লব পৰা যায় যেতিয়া মন নিৰাশা, ক্ৰোধ, ঈৰ্ষা, দ্বেষ অথবা ভয় আদি ঋণাত্মক ভাৱেৰে গ্ৰস্ত হৈ নাথাকে। সেইকাৰণে কেতিয়াও গুৰুত্বপূৰ্ণ বা সংবেদনশীল বিষয়ত ভয়, ক্ৰোধ অথবা চিন্তাৰ পৰিস্থিতিত নিৰ্ণয় নলব। ইয়াৰ বাবে ব্যক্তিয়ে তেওঁৰ সেই পৰিকল্পনাক ক্ৰিয়ান্বিত কৰিব লাগে যিটো সময়ত প্ৰস্তুত কৰিছিল, যেতিয়া তেওঁৰ মন শান্ত হৈ থাকে।

ইয়াৰ বৈজ্ঞানিক ৰূপ হৈছে উত্তেজনাৰ অৱস্থাত আমি যিকোনো কামৰ লগত জড়িত থকা যি কোনো কামৰ ওপৰত ভাবিব নোৱাৰো। ইয়াৰ পৰা যি ৰণ-নীতি প্ৰস্তুত হয় তাত ভুল বা শুধৰণিৰ কোনো ব্যৱস্থা নাথাকে। ফলস্বৰূপে আমি পদে পদে বিপদৰ সন্মুখীন হওঁ।

সদায় নিজৰ পক্ষত পৰিণাম লবৰ বাবে সঠিক সময়ৰ নিৰ্ধাৰণ কৰক। সঠিক সময় সেয়া হয় যেতিয়া আপুনি আপোনাৰ সমস্যা বা

উদ্দেশ্যৰ ওপৰত শান্তিৰে বহি সকলো ফালৰ পৰা চিন্তাধাৰা কৰিব পাৰো। সঠিক সময় আহিলে বিচাৰেই সফলতাৰ পুঁজী হৈ পৰে।

যেতিয়া আপোনাৰ নিৰ্ণয় সঠিক হয় তেতিয়া আপোনাৰ মন বিশ্বাসেৰে ভৰি পৰে। যদি নিৰ্ণয় সঠিক হয় তেতিয়া তাত অলপো শংকা নাথাকে। অলপ সময়ৰ বাবেও আপোনাৰ মনলৈ এই চিন্তাধাৰা নাহিব যে মোৰ নিৰ্ণয় ভুল নহয়তো? কিন্তু যেতিয়া আপোনাৰ নিৰ্ণয় ভুল হ'ব, তেতিয়া আপোনাৰ মনে আপোনাক বাৰে বাৰে আমনি কৰিব। কেইবা ধৰণৰ শংকা আপোনাৰ সমুখলৈ আহিব আৰু আপুনি অসমজঞ্চৰ স্হিতিত পৰি যাব। আপোনাৰ নিৰ্ণয় ভুল বা শুদ্ধ, এই অৱস্হালৈ গৈ পোৱাৰ এয়াই এটা সূত্ৰ হয় আৰু ইয়াক জীৱনত কেতিয়াও নাপাহৰিব।

---●---

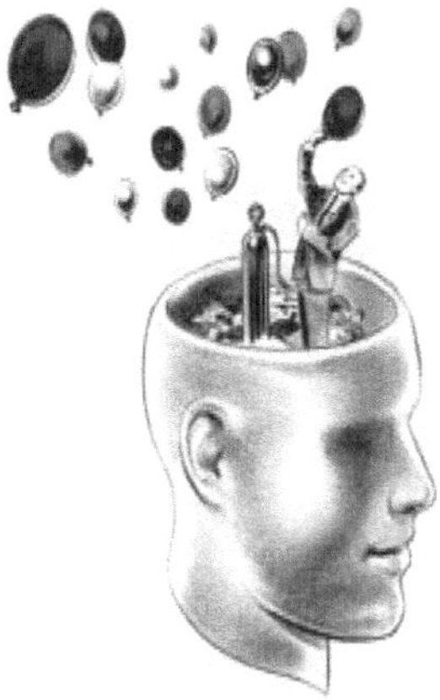

মন, কৰ্ম, বচনৰ ভূমিকা

✍ ব্যক্তিৰ সফলতা বা অসফলতাত মন, কৰ্ম আৰু বচন তিনিটাৰ বিশেষ ভূমিকা থাকে। ব্যক্তিৰ মন যেনেদৰে হ'ব, তেওঁৰ কৰ্মও সেইদৰে হ'ব আৰু বাণীও তেনেকুৱা হ'ব।

কাৰোবাৰ মনত যদি ভাল চিন্তাধাৰা থাকে, তেতিয়া তাৰ প্ৰতিবিম্ব তেওঁৰ কামতো দেখা দিব, তেওঁৰ বাণীত দেখা দিব। যাৰ মনত বেয়া আৰু নেতিবাচক চিন্তাধাৰা থাকে তেওঁৰ কৰ্ম আৰু বাণীতো এনেদৰে প্ৰকট হৈ যাব। গতিকে যদি আমি সফলতা পাবৰ বাবে ইচ্ছুক হয় তেনেহ'লে আমি আমাৰ চিন্তাধাৰাক শ্ৰেষ্ঠ কৰিবৰ বাবে সদায় সজাগ, সক্ৰিয় আৰু চেষ্টা কৰি থাকিব লাগিব।

আমি আমাৰ চিন্তাধাৰাক সদায় ভাল কৰিবলৈ চেষ্টা কৰিব লাগে যাতে আমাৰ বাণী আৰু কৰ্ম, দুয়ো শ্ৰেষ্ঠ হ'ব পাৰে। ইয়াৰ পৰা আমি সফলতাৰ পথত সদায় অগ্ৰসৰ হ'ব পাৰো। এইটো আপোনাৰ বাবে সম্ভৱ যেন লাগেনে? এবাৰ, দুবাৰ ভাৱিলে পাব যে এই পথক সহজতে ধৰিব পাৰি, ইয়াৰ বাবে আৱশ্যক হয় নিজৰ ওপৰত সংযম আৰু অনুশাসনৰ।

যেনেদৰে আমি বিচাৰো, তেনেদৰে নাপালে আমি লক্ষ্য পোৱাৰ পৰা বাঞ্চিত হৈ যাওঁ।

-সূৰ্য সিন্‌হা

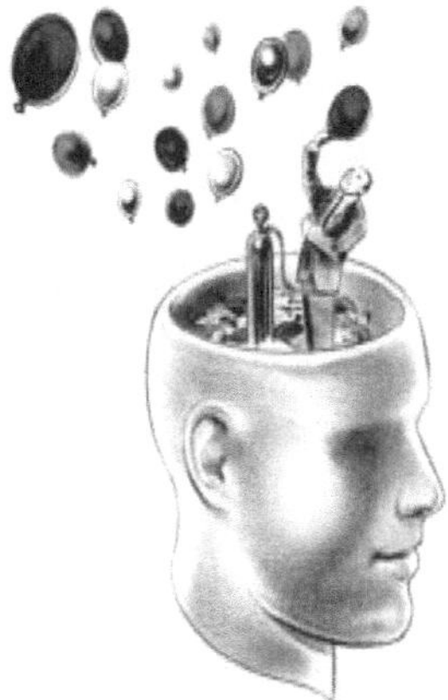

সঠিক চিহ্ন লগাওক

✍ ইচ্ছা আৰু অভিলাষা কাৰ মনত উৎপন্ন নহয়? সুখ কোনে নিবিচাৰেনো?

সংসাৰৰ এনে কোনো সুখ নাই, যাৰ বাবে মনুষ্য উদ্বেলিত নহয়। কিন্তু ইয়াৰ প্ৰাপ্তিও ইমানেই সহজনে?

ইচ্ছা মাত্ৰকেই সুখ আৰু সফলতা প্ৰাপ্ত কৰিব পাৰিনে?

আপোনাক ভাল নালাগিলেও ইয়াৰ উত্তৰ হ'ল- নহয়।

সফলতা আৰু সুখৰ প্ৰাপ্তিৰ বাবে অশেষ চেষ্টা কৰিব লাগে, বুদ্ধি সতাৰে কঠোৰ পৰিশ্ৰম কৰিব লাগে। আত্মবিশ্বাস, সাহস আৰু বুদ্ধিৰে চেষ্টা কৰিব লগীয়া হয়।

আমাৰ কোনো ইচ্ছা, কোনো অভিলাষা তেতিয়ালৈকে পুৰা নহয় যেতিয়ালৈকে আমি চেষ্টা নকৰো। প্ৰত্যেক শ্ৰেষ্ঠতাৰ প্ৰাপ্তিৰ বাবে মূল্য দিব লগীয়া হয় আৰু ইয়াৰ মূল্য স্পষ্ট হ'ল -নিষ্ঠা আৰু বুদ্ধি সততাৰে কৰা চেষ্টা। বুদ্ধি সততাৰে নিৰ্ণয় লৈ যেতিয়া আপুনি আপোনাৰ কোনো ইচ্ছাৰ প্ৰাপ্তিৰ বাবে চেষ্টা কৰিব তেতিয়া আপোনাৰ ইচ্ছিত বস্তু, পদ

আদি আপুনি নিশ্চয় প্ৰাপ্ত কৰিব।

আপোনাৰ লক্ষ্য সদায় আপোনাৰ চকুৰ আগত থাকিব লাগে আৰু আপোনাক আপোনাৰ লক্ষ্যৰ প্ৰাপ্তিত ডুবি যাব লাগে যেনেদৰে অৰ্জুনে দ্ৰৌপদীৰ স্বয়ম্বৰত মাছৰ চকুত কাঁৰ মৰাৰ পৰীক্ষা দিয়ে তেতিয়া তেওঁৰ লক্ষ্য কেৱল সেই মাছৰ চকুত লাগি আছিল।

---●---

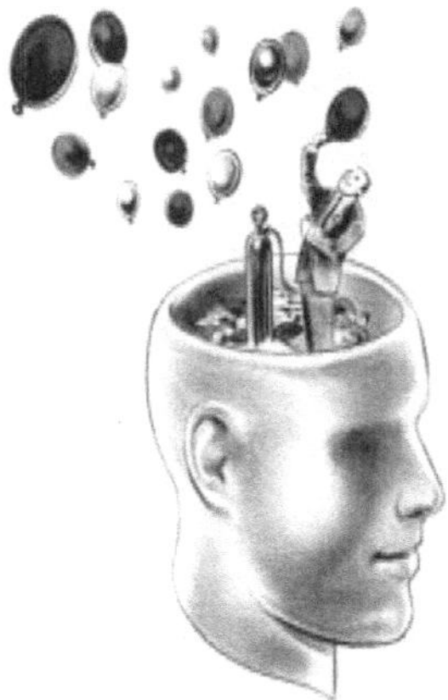

নিজৰ ওপৰত বিশ্বাস ৰাখক

✍ অন্য লোকে আপোনাক অযোগ্য বুলি ভাৱিলেও, কিন্তু আপুনি নিজকে এনেদৰে নাভাৱিব। যিকোনো সন্দেহক মনত স্হান নিদিব আৰু বিশ্বাস ৰাখক আপোনাৰ যোগ্যতাৰ ওপৰত।

আপোনাৰ বিশ্বাসৰ এই ধাৰণাক নিৰন্তৰে বঢ়াই গৈ থাকক, দৃঢ় কৰি থাকক আৰু নিৰন্তৰে প্ৰত্যেক সময়ত আপোনাৰ মনত স্মৰণ কৰি থাকক- 'মই প্ৰত্যেক কামক কৰিব পাৰো, মোৰ বাবে একো অসম্ভৱ নহয়, অসম্ভৱ শব্দত সম্ভৱ লুকাই আছে, মই যোগ্য, শক্তিমান আৰু সামৰ্থৱান হয়।'

এই বাক্যক আপুনি বাৰে বাৰে ৰোমন্হন কৰি যদি নিষ্ঠা আৰু বুদ্ধি সততাৰে চেষ্টা কৰিব তেতিয়া এদিন আপুনি আপোনাৰ ভিতৰত লুকাই থকা সকলো শক্তিক চিনি পাব আৰু আপোনাৰ অন্তৰাত্মালৈকে গৈ পাই আপোনাৰ অদৃশ্য তথা শুই থকা শক্তিক জগাই আচৰিত ধৰণৰ শক্তিৰ অধিকাৰী হ'ব পাৰিব।

যদি আপুনি আপোনাৰ যোগ্যতাৰ ওপৰত বিশ্বাস কৰিব তেতিয়া

আনৰ পৰামৰ্শও আপোনাৰ ক্ষেত্ৰত ভাল হ'ব। তেওঁলোকৰ মনতো আপোনাৰ প্ৰতি বিশ্বাস ধাৰণা জাগি উঠিব। মনত ৰাখিব-আত্মিক তথা মানসিক শক্তিতকৈ অধিক প্ৰভাৰশালী আৰু একো কথা নাই।

পৰমপিতা পৰমাত্মাক আমাক এইখন সংসাৰত কিছু গুৰুত্বপূৰ্ণ আৰু মহান কাৰ্য কৰিবৰ বাবে পঠিয়াইছে। সেইকাৰণে পৰামাত্মাই বিচাৰে যে আমি সেই কাৰ্যক সম্পন্ন কৰো। মনত ৰাখিব-যি মহান কামক আপুনি কৰিব পাৰে, সেই কামক জগতৰ আৰু কোনো ব্যক্তিয়ে কৰিব নোৱাৰে। আপোনাৰ জন্ম কেৱল সৰু-সুৰা কাম কৰিবৰ বাবে নহয় বৰং কিছু বিশেষ গুৰুত্বপূৰ্ণ কাৰ্য কৰিবৰ বাবে হৈছে। গতিকে বিশ্বাসক পৰাজয় হ'ব নিদিব, উৎসাহ নেহেৰুৱাব, আগবাঢ়ক আৰু সেই কাৰ্যক অনুসন্ধান কৰক যিটো সম্পন্ন কৰি আপুনি কৃতিত্ব অৰ্জিত কৰিব পাৰে। সকলোতকৈ ডাঙৰ কথা, আপুনি এনেদৰে মানিব লাগিব যে আপুনি য'ত গৈ পাব লাগে, তাত কোনো অন্য লোকে গৈ পাব নোৱাৰে। গতিকে আপুনি আপোনাৰ হৃদয়ত সদায় এনেদৰে আশা আৰু বিশ্বাস ৰাখিব লাগে যে আপুনি এদিন-নহয়-এদিন নিশ্চয় সেই মহান আৰু গুৰুত্বপূৰ্ণ কামক কৰি দেখুৱাব।

ইয়াত মই এনেদৰে কব বিচাৰো যে প্ৰত্যেক ব্যক্তিৰ মনত বিশ্বাস থাকিব লাগে যে তেওঁৰ জন্ম কোনো গুৰুত্বপূৰ্ণ আৰু মহান কাম কৰিবৰ বাবে হৈছে। এনে গুৰুত্বপূৰ্ণ আৰু মহান কামক কৰিবৰ বাবে যিটো সংসাৰৰ অন্য কোনো ব্যক্তিয়ে কৰিব নোৱাৰে, সেইকাৰণে সদায় সাজু হৈ থাকিব লাগে।

---●---

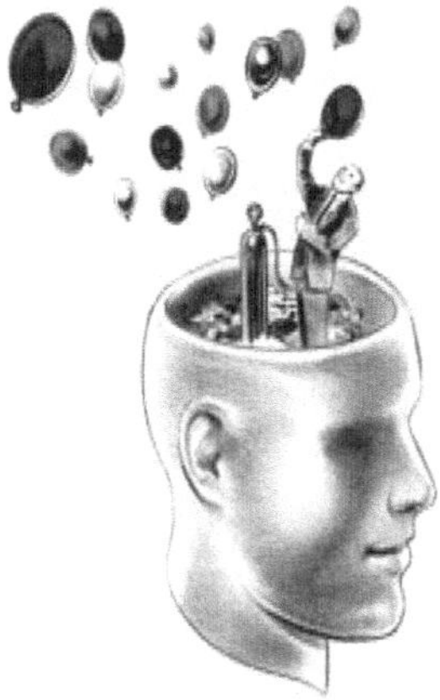

কল্পনাৰ পাখিক মেলক

✍ মনুষ্যৰ মস্তিস্ক সেই যন্ত্ৰৰ দৰে হয় য'ত মনুষ্যই কল্পনা কৰে আৰু সেই কামৰ চিন্তন মনন কৰে। তাৰ পিছত চিন্তাধাৰাৰ জন্ম হয়। এইটো যি কোনো ব্যক্তিৰ ব্যক্তিগত কথা হয় যে মগজুৰ পৰা তেওঁ কেনে ধৰণৰ কল্পনা কৰে আৰু কেনে ধৰণৰ চিন্তাধাৰাক জন্ম দিয়ে।

শুভ আৰু আশাবাদী চিন্তাধাৰাই ব্যক্তিক সকলো প্ৰকাৰৰ সুখ, শান্তি, সফলতা, প্ৰসন্নতা, শক্তি, সামৰ্থ, সমৃদ্ধি আদি প্ৰদান কৰাত ঠিক তেনেকুৱা কাম কৰে যেনেকুৱা কাম কোনো যাদুৱে কৰে।

যিহেতু চিন্তাধাৰাই জীৱনক সফল কৰে সেইকাৰণে যি লোকে সফলতা প্ৰাপ্ত কৰিছে আপুনি তেওঁলোকৰ আত্মজীৱনী পঢ়ক। তেতিয়াহে আপুনি গম পাব যে তেওঁলোকে কেনেদৰে সফল হৈছে। এই সফল লোক সকলৰ পৰা এটা কথা আপুনি সমান পাব আৰু সেয়া হৈছে-চিন্তাধাৰাত দৃঢ়তা। তেওঁলোকে নিজৰ মনত প্ৰথমে দৃঢ় চিন্তাধাৰা আনিছে, তাৰ অনুসাৰে তেওঁলোকে পৰিশ্ৰম কৰিছে, তাৰ পিছত এক দীঘলীয়া সংঘৰ্ষ কৰি জীৱনত সফলতা পাইছে।

আপুনি কোনো ক্ষেত্ৰতেই তেওঁলোকতকৈ কম নহয়। প্ৰয়োজন হয় প্ৰেৰণাৰ। যেতিয়া কোনো অন্য লোকে আগবাঢ়িব পাৰে, তেতিয়াহ'লে আপুনি কিয় আগবাঢ়িব নোৱাৰে? জন্মৰ পৰা কোনেও উন্নতিৰ মুকুট পিন্ধি নাহে, তেওঁলোকৰ সংঘৰ্ষ তথা চেষ্টাই তেওঁলোকক উল্লেখনীয় উপলব্ধি দিয়াইছে। আপোনাৰ আদৰ্শ উচিত আৰু সফল হ'ব লাগে। যেনেকুৱা আপোনাৰ আদৰ্শ হ'ব, আপোনাৰ প্ৰয়াসো তেনেকুৱা হৈ যাব। সফল জীৱন জীয়াই থাকিবৰ বাবে সদায় সফল আদৰ্শ, সৎ চিন্তাধাৰা আৰু শ্ৰেষ্ঠ ভাৱনাক গুৰুত্ব দিয়ক।

সদায় সুন্দৰ ভৱিষ্যতৰ কল্পনা কৰক কাৰণ ইতিবাচক চিন্তাধাৰাই সৰ্বোত্তম হয়। কিন্তু কেৱল ইতিবাচক চিন্তাধাৰা বা কল্পনাৰেই কম নচলিব। আৱশ্যক হয় কল্পনা কৰি তাক বাস্তৱত পৰিণত কৰি দিয়াটো। সফলতা তেতিয়া পাব যেতিয়া আপুনি আপোনাৰ কল্পনাৰ ছবিত ৰং সানিব।

আজিলৈকে যিমান আৱিস্কাৰ হৈছে কল্পনাৰ পিছতহে হৈছে। সেইবিলাক লাগিলে টি.ভি. হওক, কম্পিউটাৰ হওক, ম'বাইল ফ'ন হওক বা উৰাজাহাজ হওক। এই সকলো বস্তুক প্ৰথমে আৱিস্কাৰকে তেওঁলোকৰ কল্পনাত দেখা পাইছিল। তাৰ পিছত তেওঁলোকে বাস্তৱত পৰিণত কৰি দিছে।

আলবাৰ্ট আইনস্টাইনেওক কৈছে যে কল্পনা জ্ঞানতকৈ অধিক শক্তিশালী হয় সেইকাৰণে আপুনিও সুন্দৰ ভৱিষ্যতৰ কল্পনা কৰি আগবাঢ়ক।

যি লোকে নিজৰ ভাল চিন্তাধাৰাক স্থান দিব নোৱাৰে নোৱাৰে, তেওঁলোকৰ সেই চিন্তাধাৰা কেৱল তেওঁলোকৰ আধৰুৱা সপোন হৈ থাকি যায়।

---●---

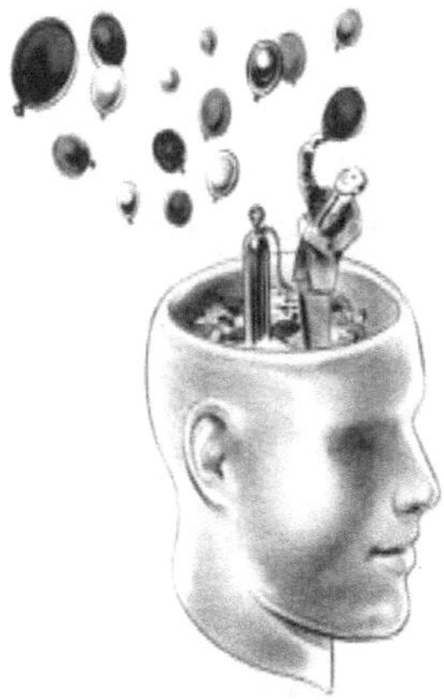

সপোনক সজাওক

✍ ইচ্ছাই ব্যক্তিক আগবাঢ়িবলৈ প্ৰেৰণা দিয়ে। যি ইচ্ছাক মনত পালে আৰু তাক প্ৰাপ্ত কৰিবৰ বাবে অশেষ চেষ্টা কৰে, তেওঁ আগবাঢ়ি যায়। যাৰ কোনো ইচ্ছাই নাই, তেওঁৰ জীৱন সমাপ্ত হৈ গ'ল বুলি ভাৱিব লাগে কাৰণ ইচ্ছাৰ বিনে জীৱনত একো নাথাকে আৰু কেৱল উশাহ লৈ থকা আৰু মনে মনে এইখন সংসাৰৰ পৰা বিদায় লোৱাৰ দৰে হয়।

কিছুমান লোকে ইচ্ছা কৰে, কিন্তু তাৰ প্ৰাপ্তিত যি সংঘৰ্ষ কৰে, তাক লৈ ভয় কৰি তেওঁলোকে ইচ্ছাক নষ্ট কৰি দিয়ে আৰু সন্তুষ্টি পোৱাৰ নাটক কৰে। অৱশ্যে সন্তুষ্টি নামৰ কোনো গুণ তেওঁলোকৰ গাত নাথাকে, তেওঁলোকে কেৱল ওপৰৰ পৰা দেখুৱাই থাকে, ভিতৰৰ পৰা অশান্তি হৈ থাকে, সকলো সময়ত ঈশ্বৰ আৰু ভাগ্যৰ ওপৰত দোষ দি থাকে। নিজৰ ইচ্ছাক লৈ তেওঁলোকে সংঘৰ্ষ নকৰে, মনৰ পৰা চেষ্টা নকৰে আৰু জীৱন ভৰ দুখত থাকে।

ইংৰাজী পাদৰী, আৰ. হেবাৰ অনুসাৰে-

ইচ্ছাক দমন কৰিলেই নহয়, বৰং ইয়াক সম্পূৰ্ণ কৰিলেহে শান্তি প্ৰাপ্ত হয়।

যদি আপুনি সুখ-সমৃদ্ধি, শান্তি আৰু সফলতা পাব পাব বিচাৰে তেতিয়াহ'লে মনত কিছু কৰা, কিছু অদ্ভুত প্ৰাপ্ত কৰাৰ ইচ্ছা আপোনাৰ মনত জাগিব লাগিব। সদায় নতুন-নতুন অভিলাষা জগাই তুলক। এনেদৰে ভাৱি এটা পৰিস্থিতিতে থাকি কান্দি নাথাকিব যে ঈশ্বৰে আপোনাৰ ভাগ্যত ইমানেই লিখিছে। ঈশ্বৰে কেতিয়াও অন্যায় নকৰে, তেওঁ সকলোকে একেদৰে সৃষ্টি কৰিছে, সকলোকে কাম কৰিবৰ বাবে দুখন হাত দিছে, আগবাঢ়িবৰ বাবে ভৰি, চাবৰ বাবে চকু, শুনিবৰ বাবে কাণ, গোন্ধ লবৰ বাবে নাক আৰু বুদ্ধিৰে কাম কৰিবৰ বাবে এক মস্তিস্ক দিছে। আৰু সকলোকে সমানে সময়ো দিছে।

এতিয়া আৱশ্যক হয় ইয়াৰ সঠিক ব্যৱহাৰৰ। এতিয়া নিৰ্ণয় লওক যে আপুনি আপোনাৰ জীৱনত কি হ'ব বিচাৰে আৰু সজাই লওক সুন্দৰ আৰু বুদ্ধি সততাৰে মহান কৰা সপোনক।

ইচ্ছা কৰা, সপোন চোৱা আৰু তাৰ ওপৰত বুদ্ধি সততাৰে তথা পৰিশ্ৰমেৰে কাম কৰাৰ কাৰণেই আজি মানৱক সংসাৰৰ সৰ্বশ্ৰেস্ঠ প্ৰাণী বুলি মনা গৈছে। চিন্তাধাৰা, সপোন আৰু ইচ্ছাই বিকাশক গতি দিয়ে দিছে।

---●---

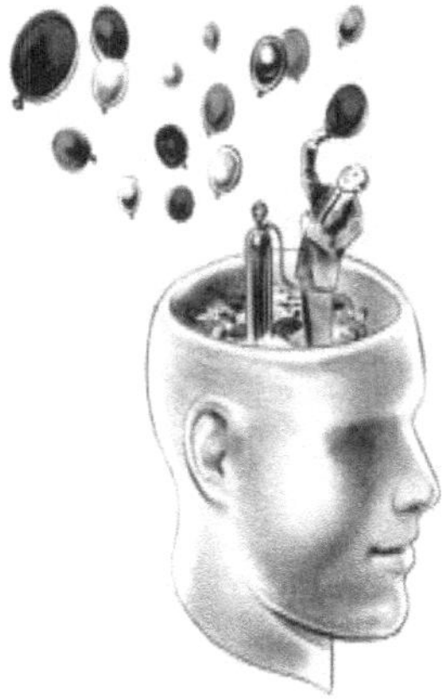

প্ৰকৃতিৰ পৰা প্ৰেৰণা লওক

✍ যদি আপুনি প্ৰেৰণা লয়, প্ৰত্যেক কাৰ্যৰ বাবে প্ৰকৃতিৰ নিশ্চিত সময় হয়। যদি প্ৰকৃতিৰ নিয়মত, কোনো ধৰণৰ আনিয়মিততা আহি যায় তেতিয়া মনুষ্যই প্ৰাকৃতিক বিপত্তীৰ চিকাৰ হৈ যায়।

প্ৰকৃতিক অসন্তুলন পছন্দ নহয়। তাৰ এক চিষ্টেম হৈছে টাইম টেবুল। অশেষ বিকাশৰ এটা প্ৰক্ৰিয়া হয়। প্ৰত্যেক বিকাশ উচিত সময়তেই সম্ভৱ হয়। ইয়াৰ সকলোতকৈ ভাল উদাহৰণ বানস্পতিক জগত হয়। প্ৰথমে বীজ ৰুৱে, তাৰ পিছত অংকুৰ, তাৰ পিছত পুলি, তাৰ পিছত বৃক্ষ, ফুল ফল...আদি হয়। এটা বীজ উচিত পৰিৱেশ আৰু সময় পালেই বৃক্ষৰ ৰূপ লয়। যদি তাক সময় আৰু সঠিক পৰিৱেশ নাপায় তেন্তে বীজ গেলি পচি যাব আৰু তাৰ পিছত লাগিলে যিমান চেষ্টা কৰিলেও আকৌ বিকশিত নহ'ব। এইদৰে যেতিয়া আমাৰ কাৰ্য, চেষ্টা, চিন্তাধাৰা আদিত অসন্তুলন আহে তেতিয়া আমি অসফল হৈ যাওঁ। অশান্তি হওঁ, দুখী হওঁ আৰু অন্তত নিৰাশ হৈ নিষ্ক্ৰিয় হৈ যাওঁ। সেইকাৰণে প্ৰকৃতিক গুৰু হিচাপে মানি আমি প্ৰতিপলে তাৰ পৰা শিকিব লাগে। চিন্তাধাৰা বীজ এনে সংসাৰত ৰোপণ

কৰিব লাগে যাতে য'ত আমি আগৰ পৰাই পৰিশ্ৰম কৰিব পাৰো। তাৰ পিছত বীজক সঠিক সময়ত সাৰ-পানী দি থাকিব লাগে যাতে তাৰ পোষণ ভালদৰে হ'ব পাৰে। শক্তিশালী পুলি হোৱালৈকে তাৰ সময়ৰ বিযাক্ত বস্তুৰ পৰা বচোৱাতো আমাৰ কৰ্তব্য হয়। যেতিয়া ই শক্তিশালী গছলৈ পৰিণত হৈ যাব তেতিয়া তাৰ ফুল আৰু ফলক কুপাত্ৰৰ হাতৰ পৰা বচোৱাতো আমাৰ উত্তৰদায়িত্ব হয়। এনে আমাৰ পৰিশ্ৰম আৰু জ্ঞানৰ ফল-ফুলক আমি সজাব লাগিব।

---●---

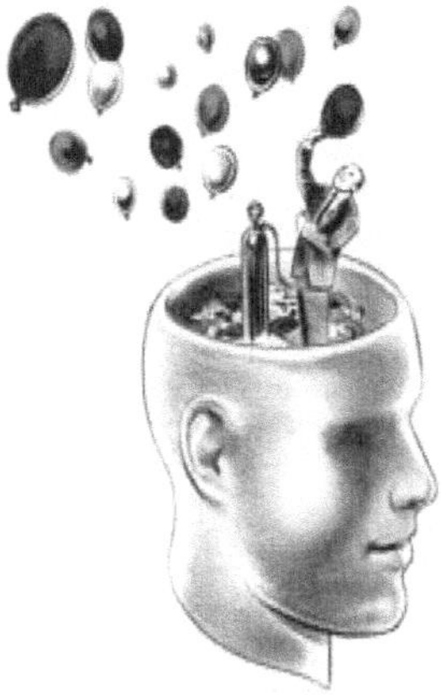

চিন্তাধাৰা আৰু ব্যক্তিত্ব

✍ কিছুমান লোকে ভাল বস্ত্ৰ পিন্ধি, ভাল মেকআপ কৰি, ভাল হেয়াৰ ষ্টাইল কৰি আনৰ ওপৰত নিজৰ ব্যক্তিত্বৰ প্ৰভাৱ পেলাবলৈ চেষ্টা কৰে। ইয়াৰ পিছত তেওঁলোকৰ এনে চিন্তাধাৰাই কাম কৰে যে ইয়াৰ পৰা সন্মুখৰ ব্যক্তিয়ে তেওঁক প্ৰভাৱী আৰু প্ৰতিভাশালী বুলি ভাৱিব আৰু আনৰ ওপৰত তেওঁৰ ভাল প্ৰভাৱ পৰিব, কিন্তু এনেদৰে নহয়। কেৱল সুন্দৰ কাপোৰ পিন্ধি অথবা পঢ়া-শুনা বিদ্বান কথা ক'লেই ব্যক্তিত্ব গঢ়ি নুঠে। বাস্তৱিক ব্যক্তিত্ব গঢ়িব নোৱাৰে। বাস্তৱিক ব্যক্তিত্ব আপোনাৰ চিন্তাধাৰা পৰা গঢ়ি তুলে। আপোনাৰ চেহেৰাই আপোনাৰ ব্যক্তিত্ব আৰু আপোনাৰ চিন্তাধাৰাৰ দাপোন হয়। ভাল, সাত্ত্বিক আৰু ইতিবাচক চিন্তাধাৰাৰ ব্যক্তি ৰং-ৰূপ যেনেকুৱা নহওক লাগিলে, এক তীব্ৰ, তেজস্বী জিলিকণি তেওঁৰ চেহেৰাত দেখা পোৱা যায়। চকুত এক অদ্ভুত আকৰ্ষণ থাকে, যিটো যি কোনো ব্যক্তিক আকৰ্ষিত কৰিব পাৰে।

ইয়াৰ বিপৰীতে লেতেৰা, তামসিক আৰু নেতিবাচক চিন্তাধাৰাৰ ব্যক্তিৰ চেহেৰা সুন্দৰ হ'লেও, তেওঁ কান্তিহীন হয়। তেওঁৰ চকুত সদায়

ধূৰ্ততা, বেইমানী, অবিশ্বাস আৰু ভয় আদি দেখা দিয়ে। এনে ব্যক্তিয়ে নিজকে অপৰাধী বুলি ভাবে। তেওঁ সন্মুখৰ জনৰ আগত চকুত চকু থৈ কথা কব নোৱাৰে। ইয়াৰ পৰা প্ৰমাণিত হয় যে চিন্তাধাৰাই কেৱল ব্যক্তিকেই নহয় বৰং ব্যক্তিত্বকো নিৰ্মাণ কৰে।

মনত ৰাখিব, সেই ভাৱনা দিব্য হয় যি আপোনাৰ কৰ্ম শক্তিক উৎসাহিত কৰে। নিজৰ চিন্তাধাৰাৰ শক্তি, ভাৱনা আৰু কল্পনাৰ কাৰণেই মনুষ্য সংসাৰৰ অন্য প্ৰাণীতকৈ শ্ৰেষ্ঠ হয়। যদি মনুষ্যৰ মনত কল্পনা আৰু বিচাৰ শক্তি নথকাহেঁতেনে, ইমান উন্নতি কৰিব নোৱাৰিলেহেঁতেন। আজি নিজৰ এই কল্পনা আৰু চিন্তাধাৰা শক্তিৰ বলতে মনুষ্যই আকাশত উৰিব পাৰিছে। নানান ধৰণৰ আৱিস্কাৰ মনুষ্যই কেৱল কল্পনা আৰু চিন্তাধাৰা শক্তিৰ বলত কৰিছে। প্ৰত্যেক বস্তুৰ ৰচনা চিন্তাধাৰাৰ দ্বাৰাই সম্পন্ন হৈছে। চিন্তাধাৰাৰ অবিহনে একো নাই। চিন্তাধাৰাৰ প্ৰভাৱ ব্যক্তিৰ কাৰ্যত পৰে। যেনে ধৰণৰ চিন্তাধাৰা বিচাৰ হ'ব, তেনেকুৱাই ব্যক্তিৰ কাৰ্য হ'ব। ভাল চিন্তাধাৰাই ব্যক্তিক সদায় ভাল কাম আৰু বেয়া চিন্তাধাৰাই ব্যক্তিক সদায় বেয়া কাম কৰা দেখা পোৱা যায়। চিন্তাধাৰাৰ পৰা ব্যক্তিৰ ব্যক্তিত্বৰ নিৰ্মাণ হয়। ব্যক্তিত্বৰ পৰাই ব্যক্তিৰ জীৱনৰ নিৰ্মাণ হয়।

---●---

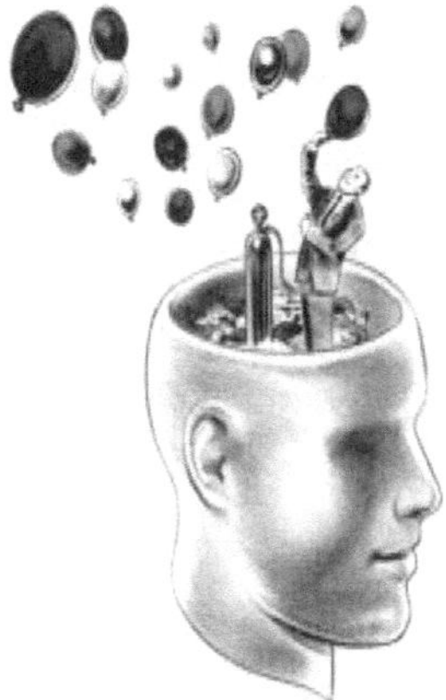

লক্ষ্য পোৱাৰ সূত্ৰ

✍ লক্ষ্য প্ৰাপ্তিৰ উপায় বহুত সহজ হয়। কিন্তু ইয়াৰ বাবে যি প্ৰক্ৰিয়া আছে তাৰ পালন কৰিলেহে কাৰ্য সম্ভৱ হ'ব পাৰে। সকলোতকৈ প্ৰথমে কোনো বস্তুত বা লক্ষ্যক পোৱাৰ মনোভাৱ আপোনাৰ মনলৈ আহে। সেই লক্ষ্যক আপুনি প্ৰাপ্ত কৰিব পাৰিবনে নাই, এই দুটা কথাৰ ওপৰত নিৰ্ভৰ কৰে। এটা হ'ল-আপোনাৰ চিন্তাধাৰাৰ প্ৰবলতা আৰু পোৱাৰ ইচ্ছাৰ তীব্ৰতা।

যেতিয়া আপোনাৰ চিন্তাধাৰা প্ৰবল আৰু পোৱাৰ ইচ্ছা তীব্ৰ হয় তেনেহ'লে সেই চিন্তাধাৰাক বাস্তৱিক ৰূপ দিয়া বা কোনো বাঞ্চিত বস্তুক পাবৰ বাবে আপোনাক তিনিটা শক্তিয়ে কাৰ্য কৰে-মন, বচন আৰু কৰ্ম।

মনৰ পৰা ইচ্ছা, ইচ্ছাৰ পৰা চিন্তাধাৰা আৰু চিন্তাধাৰাৰ পৰা কৰ্ম আৰু কৰ্মৰ লগত যেতিয়া বচন বা প্ৰতিজ্ঞা পায় তেতিয়া নিশ্চয় সেই বস্তুক প্ৰাপ্ত হয়।

যেতিয়া আমি কোনো বস্তু বা লক্ষ্য প্ৰাপ্তিৰ ইচ্ছা প্ৰকট কৰো, তেনেহ'লে এই ইচ্ছাৰ পৰা উৎপন্ন হোৱা চিন্তাধাৰা লগতে আমাৰ সম্পৰ্ক

সেই বস্তু বা লক্ষ্যৰ লগত জড়িত হৈ যায়। যিমানেই তীব্ৰ ইচ্ছাৰে সেই বস্তুক পাব, আপোনাৰ সম্পৰ্ক সিমানেই শক্তিশালীৰে (লক্ষ্য বা বস্তু) জড়িত হৈ যাব। আপোনাৰ চিন্তাধাৰা কাৰণে উৎপন্ন আকৰ্ষণ শক্তিয়ে তাক আপোনাৰ ফালে টানিব অনিব আৰু এইদৰে অশেষ চিন্তন কৰি আৰু চেষ্টা কৰি আপুনি তাক প্ৰাপ্ত কৰিব।

ই সঁচাকৈ ইমান সহজ হয়নে ? যদি আপোনাৰ উত্তৰ 'নহয়' হয় তেন্তে পুনৰ বিবেচনাৰ বাবে এটা কথা মই আপোনাক কওঁ যে যি কোনো মনোভাৱক পুৰা কৰিবৰ বাবে যেতিয়া আপুনি আপোনাৰ সমগ্ৰ শক্তিৰ প্ৰয়োগ কৰে, দৃঢ়তা আৰু সংকল্পৰে সেই দিশত কাম কৰে, তেতিয়া তাত আপুনি সফলতা নিশ্চয় পায়। ইয়াৰ একমাত্ৰ কাৰণ হৈছে সেই কাৰ্যক পূৰ্ণ কৰা বা সেই বস্তু বা লক্ষ্যৰ প্ৰাপ্তিৰ বাবে আপুনি তাৰ লগত থকা চিন্তাধাৰাৰে গভীৰ সম্পৰ্ক স্থাপিত কৰে। সেইকাৰণে আপোনাৰ গাত এক দৃঢ় বিশ্বাসৰ লগত এনে অদ্ভুত শক্তি উৎপন্ন হৈ গৈছিল, যিটো আপোনাক সহজতে সফলতা দিয়াইছে। এই প্ৰমাণিত প্ৰয়োগ হৈছে ভাৱনাৰ জগতৰ। গতিকে আপুনি চিন্তাধাৰাৰ লগত গভীৰ সম্পৰ্ক স্থাপিত কৰক। তাৰ পিছত চাওক আপোনাৰ চিন্তাধাৰাৰ যাদুৱে কেনেদৰে কাম কৰে আৰু কেনেদৰে আপোনাক সফলতাৰ শীৰ্ষলৈ লৈ যায়।

---●---

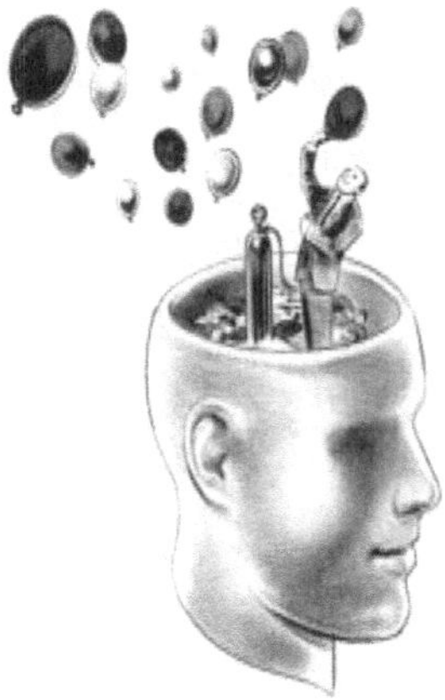

প্ৰয়াসৰ পৰা প্ৰাপ্তি

✍ আপোনাৰ ক্ৰিয়াকলাপেই আপোনাৰ চিন্তাধাৰাক বাস্তৱিক ৰূপ দিয়ে। মনত উৎপন্ন হোৱা ইচ্ছাক ব্যক্তিয়ে নিজৰ ক্ৰিয়াশক্তিৰে পুৰা কৰে। চিন্তাধাৰাৰ লগতে যেতিয়ালৈকে ক্ৰিয়া জড়িত নাথাকিব তেতিয়ালৈকে চিন্তাধাৰা কেৱল দৃষ্টিভঙ্গী হৈ থাকিব। ক্ৰিয়াৰ অবিহনে চিন্তাধাৰাৰ মৃত হয়। ক্ৰিয়াৰ পৰাই চিন্তাধাৰা প্ৰাণ ভৰে। ভাৱি থাকি, কল্পনা কৰি থাকি কিন্তু কাৰ্য নকৰা, এনেদৰে ভৱা, এনে চিন্তাধাৰা ৰখাতো মৃত্যু সমান হয় আৰু মৰি যোৱা চিন্তাধাৰাই আপোনাক একো দিব নোৱাৰে।

দেখা গৈছে যে কেতিয়াবা চিন্তাধাৰা আৰু ক্ৰিয়াৰ সংযোগ বহুৱাই পুৰা পৰিশ্ৰম কৰাৰ পিছতো ইচ্ছিত সফলতা নাপায়। আপুনি নিৰাশ হৈ যায়। কিন্তু ইয়াৰ পিছত কাৰণ হয় যে আপোনাৰ শক্তিৰ ব্যৱহাৰ ভুল দিশত হৈছে, আৰু সেয়া ব্যৰ্থ হৈ গৈছে। কিন্তু সাধাৰণতে আপুনি ইয়াৰ দোষ আপোনাৰ ভাগ্যক দিব ধৰে। কিন্তু এই অসফলতাৰ পিছত বাস্তৱিক কাৰণ হৈছে যে আপোনাৰ ধ্যান আপোনাৰ জীৱনৰ স্থূল কাৰ্যত অধিক গুচি যায়, লক্ষ্যৰ ফালে আপোনাৰ ধ্যান কেন্দ্ৰিত হ'ব নোৱাৰে। যদি আপুনি

আপোনাৰ চিন্তাধাৰা, ইচ্ছাক বাস্তৱিক ৰূপ দি সফলতা প্ৰাপ্ত কৰিব বিচাৰে, তেনেহ'লে আপুনি গোটেই প্ৰয়াস সেই দিশত লগাব লাগে। তেতিয়াহে আপুনি সফলতা প্ৰাপ্ত কৰিব পাৰিব।

আপোনাৰ মনত কোনো মনোভাৱ আছে তেতিয়া তাক বাস্তৱিক ৰূপ দিয়াত আপোনাৰ প্ৰয়াস ভুল দিশত হ'ব নালাগে। উদাহৰণৰ বাবে আপুনি ইঞ্জিনীয়াৰ হ'ব বিচাৰে, তেনেহ'লে যন্ত্ৰক একগোট কৰি বা তাৰ নাম জানি ইঞ্জিনীয়াৰ হ'ব নোৱাৰে। আপোনাক বিধিৱত ইঞ্জিনীয়াৰিং পঢ়িব লাগিব। এটা প্ৰক্ৰিয়া আছে যিটো পুৰা কৰিব লাগে। এটা চিষ্টেমক ফ'ল' কৰিব লাগিব, তেতিয়াহে আপুনি ইঞ্জিনীয়াৰ হ'ব পাৰিব। এইদৰে আপুনি যি ক্ষেত্ৰক জানিব বিচাৰে সেই ক্ষেত্ৰৰ লগত সম্বন্ধী সম্পূৰ্ণ তথ্য প্ৰাপ্ত কৰক, তাক বুজক আৰু মন দি শিকক। তাৰ পিছত তাৰ প্ৰাপ্তিৰ বাবে বুদ্ধি সততাৰে চেষ্টা কৰক। আপুনি দেখা পাব যে সফলতাৰ শিখৰে আপোনাক আমন্ত্ৰিত কৰিবলৈ নিজে তৎপৰ হৈ আছে।

---●---

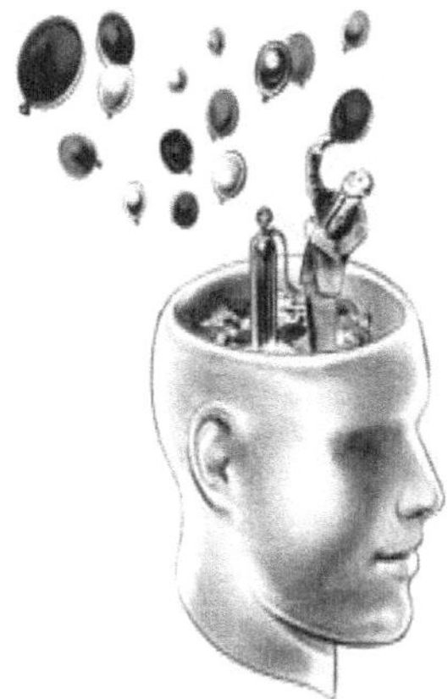

সঠিক সময়ত সঠিক নিৰ্ণয়

✍ সকলোতকৈ প্ৰথমে আপুনি নিশ্চিত কৰিব লাগিব যে আপুনি কি বিচাৰে? আপোনাৰ কি ইচ্ছা আছে, আপোনাৰ আদৰ্শ কি হয়। যেতিয়া আপুনি ইয়াৰ নিৰ্ণয় কৰি লয় তেতিয়া সেই দিশত আপুনি যত্নশীল হৈ যাওক আৰু সদায় নিজকে এইটো কথাৰ বিশ্বাস দিয়াওক যে ইয়াৰ বাবে আপোনাৰ ওচৰত সম্পূৰ্ণ ক্ষমতা আৰু যোগ্যতা আছে। যি কোনো প্ৰকাৰৰ অভাৱগ্ৰস্ত চিন্তাধাৰাক আপোনাৰ মনলৈ আহিব নিদিব। নিৰাশাক ক্ষন্তেকৰ বাবেও মনত আহিব নিদিব। আপোনাৰ চিন্তাধাৰা, আপোনাৰ কল্পনাক বাস্তৱত পৰিণত কৰিবৰ বাবে আৱশ্যক হয় যে আপোনাৰ ওচৰত সম্পূৰ্ণ উৎসাহ থাকিব লাগে আৰু উৎসাহক বঢ়াবৰ বাবে ইতিবাচক চিন্তাধাৰাৰ সংযোগ। আশাৰে ভৰা চিন্তাধাৰা আৰু সফলতাৰ বিশ্বাসেই আপোনাক সেই সাহস প্ৰদান কৰে যৰ পৰা আপুনি আপোনাৰ চিন্তাধাৰাক বাস্তৱিক ৰূপ দিব পাৰে, আপোনাৰ সপোনক পুৰা কৰিব পাৰে বা আপোনাৰ কল্পনাৰ চিত্ৰত সফলতাৰ ৰং সানি দিব পাৰে।

নিৰাশাৰ ভাৱ অলপো মনলৈ আহিব নিদিব আৰু এই কথাৰ ওপৰত

সমানে দৃষ্টি দিয়ক যে আপোনাৰ চেষ্টা সঠিক দিশত গৈ আছেনে নাই। আপোনাৰ নিৰ্ণয় সঠিক আৰু সময়ানুসাৰে হ'ব লাগে। আপুনি বছেৰকীয়া পৰীক্ষাত টপ কৰিব বিচাৰে, তেনেহ'লে কেৱল চিন্তাধাৰা, কল্পনা বা সপোনেৰে কাম নচলিব। ইয়াৰ বাবে আপোনাক এটা নিয়ম পালন কৰিব লাগিব। প্লেনিং কৰিব লাগিব আৰু উৎসাহ আৰু বিশ্বাসেৰে ধ্যান দি অধ্যয়ন কৰি আপুনি লক্ষ্যক পাব পাৰে। প্ৰত্যেক কাৰ্যৰ এটা সময় থাকে। ইয়াৰ বাবে এটা নিয়ম পালন কৰিব লাগে, তেতিয়াহে মনোবাঞ্চিত ফল প্ৰাপ্ত হয়।

---●---

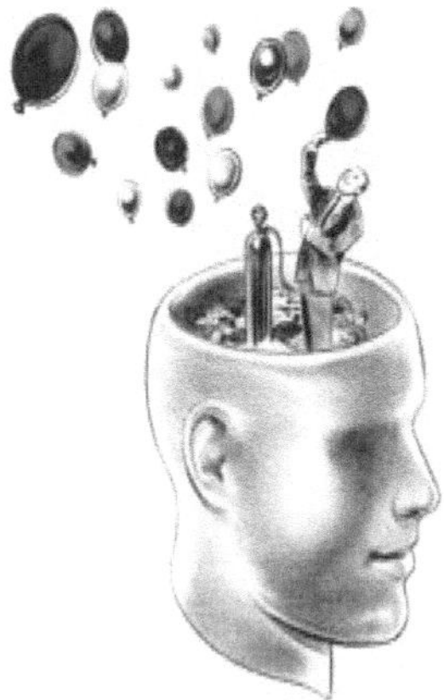

সফলতাৰ মূলমন্ত্ৰ হ'ল- আশাপূৰ্ণ চিন্তাধাৰা

✍ আশাত ডাঙৰ শক্তি আছে। আশাপূৰ্ণ চিন্তাধাৰাই সদায় আপোনাক সক্ৰিয়, উৎসাহিত আৰু প্ৰফুল্লিত কৰে। আপুনি নিজে কেতিয়াবা অনুভৱ কৰি চাব পাৰে। আপুনি সদায় এনেদৰে ভাৱি চেষ্টা কৰক যে আপোনাৰ পৰিশ্ৰমৰ পৰিণাম ভাল হ'ব আৰু তেতিয়া আপুনি দেখা পাব যে আপুনি ভাল পৰিণাম পাইছে। কেতিয়াও নিজৰ ক্ষমতা, সিদ্ধান্ত, যোগ্যতাৰ ওপৰত শংকা নকৰিব। শংকা হ'লে আপোনাৰ মন নিৰাশাৰে ভৰি পৰিব। আপোনাৰ কাৰ্য ক্ষমতা ক্ষীণ হৈ পৰিব। সেইকাৰণে সদায় উৎসাহজনক, আশাবাদী মনোভাৱ মনত ৰাখক। আশাবাদী মনোভাৱে শাৰীৰিক আৰু মানসিক দুয়ো ৰূপত প্ৰভাৱ পেৰে আৰু এনে ধৰণৰ চিন্তাধাৰা আপোনাৰ উন্নতিত সহায় কৰিব।

চিন্তাধাৰা যিমান আশাবাদী হ'ব, আপুনি সিমানেই বেছি সফলতা পাব। নিৰাশ ব শংকাই আপোনাৰ সংকল্পক খণ্ডিত কৰি দিয়ে।

যেতিয়া আপুনি কোনো কামক বিশ্বাসেৰে কৰে যে ঈশ্বৰে আপোনাক এই কাম কৰিবৰ বাবে এইখন সংসাৰলৈ পঠিয়াইছে গতিকে আপুনি সেই কামক নিশ্চয় পুৰা কৰিব লাগে।

নিজ ওপৰত বিশ্বাস, ইতিবাচক চিন্তাধাৰা, সুস্হ দৃষ্টি, ব্যাপক চিন্তাধাৰা আৰু ভাল পৰিণামৰ আশা- এই বিলাকেই জীৱনত সফলতা পোৱাৰ মূলমন্ত্ৰ। ইয়াতো আশাই সেই জীৱদায়িনী শক্তি হয় যিটো চিন্তাধাৰাব ফলীভূত কৰিবৰ বাবে ঈন্ধন ৰূপী কাম কৰে।

---●---

অন্তিম ক্ষণত...

প্ৰিয় বন্ধু !

এইখন কিতাপক আপুনি পঢ়িলে। মোৰ দৃঢ় বিশ্বাস যে এতিয়া আপুনি নিশ্চয় আপোনাৰ চিন্তাধাৰাক বিশ্লেষণ কৰিছে। এইটো ভাল কথা।

মোৰ মতে আমাৰ জীৱনৰ প্ৰাথমিকতা আমাৰ চিন্তাধাৰাই হয়। ছবি যিমান ধুনীয়া হ'লেও যদি আমাৰ চিন্তাধাৰা ভাল নহয়, তেন্তে সেই ছবি আমাৰ ভাল নালাগিব আৰু কেতিয়াবা আমি সমান্য ছবিকো সুন্দৰ যেন লাগে। ইয়াৰ পিছতো চিন্তাধাৰা আছে। চিন্তাধাৰা পৰাই আমাৰ সুখৰ অনুভূতি হয় চিন্তাধাৰা কেতিয়াবা-কেতিয়াবা অসফলতাৰ ফালে থেলি দিয়ে। চিন্তাধাৰাই মনক শান্তি দিয়ে আৰু চিন্তাধাৰাই অশান্তি দিয়ে।

চিন্তাধাৰাত অদ্ভুত শক্তি আছে আৰু ই যাদুৰ দৰে কাম কৰে। মোৰ এই 'চিন্তাধাৰা' ক আপোনাৰ ওচৰলৈ লৈ যোৱাত মই কিমান সফল হৈছো ইয়াৰ নিৰ্ণয় মই মোৰ বুদ্ধিমান পাঠক অৰ্থাৎ আপোনাৰ ওপৰত এৰি দিছো। মোৰ বিশ্বাসক আপোনাৰ মূল্যৱান চিন্তাধাৰাই আগতকৈ কেইবা গুন বঢ়াইছে। এইবাৰো মই আশা কৰো যে আপোনাৰ বহুমূল্য বিশ্লেষণে ভৱিষ্যতৰ বাবে মোক পথ দেখুৱাব। সেইকাৰণে মই অপেক্ষা কৰিম, আপোনাৰ চিন্তাধাৰাৰ সেই ই-মেইলৰ য'ত মই আপোনাৰ সেই আত্মীয় সংবাদ পাওঁ যিটো কোনো ভাগ্যৱান ব্যক্তিয়ে পায়।

আপোনাৰ

সূৰ্য সিন্হা

website : suryasinha.com
E-mail: contact@suryasinha.com
or suryasinha@suryasinha.com

জন-প্ৰতিক্ৰিয়া

সূৰ্য ডাঙৰীয়া,

অসমত কিছু দিন আগতে আপোনাৰ তিনদিনীয়া "Goal Setting and Dream Building Programme' বহুত সফল হয়। প্ৰ'গ্ৰেম এটেণ্ড কৰাৰ পিছত অসংখ্য যুৱক-যুৱতীয়ে মোক কয় যে এই প্ৰ'গ্ৰেম এটেণ্ড কৰি তেওঁলোকে বাস্তৱত এক নতুন দিশ পাইছে। সকলোৰে ইচ্ছা যে অসমত আপোনাৰ আৰু কিছুমান প্ৰ'গ্ৰেম, যেনে-'নেটৱৰ্ক মাৰ্কেটিঙত সফলতা, পাৰ্চনেলিটি ডেভেলপমেণ্ট আদি আয়োজিত হওক। এই প্ৰসংগত আমাৰ গ্ৰুপে সোনকালে কোনো নিৰ্ণয় লৈ আপোনাক যোগযোগ কৰিব।

-সুশীল কুমাৰ দত্ত, গিয়াচউদ্দিন আহমেদ, অসম

***

সূৰ্য ডাঙৰীয়া,

আজি আপুনি এক 'মেনেজমেণ্ট গুৰু' ৰ ৰূপত পৰিচিত। মই কলকতাত হোৱা আপোনাৰ প্ৰগ্ৰেম 'Secret of Success' এটেণ্ড কৰিছিলো, ইয়াৰ পৰা মোৰ বহুত লাভ হয়। সকলোতকৈ ডাঙৰ কথা হৈছে মই আগতে নেতিবাচক কথা ভাৱিছিলো আৰু ভয়াতুৰ আছিলো, কিন্তু আপোনাৰ ইতিবাচক চিন্তা-ধাৰাৰ লেকচাৰে মোৰ জীৱনক সলনি কৰি দিয়ে। আজি মই ইতিবাচক আৰু আশাবাদী হৈ গৈছো আৰু বাস্তৱত আজি জীৱনৰ আনন্দ উপভোগ কৰিছো।

-পিয়ুষ

***

ডে, কলকতা

মাৰ জীৱনত অসংখ্য সমস্যা আছে। শ্ৰী সূৰ্য সিন্হাৰ পথ প্ৰদৰ্শনত **পাৰ্চনেলিটি ডেভেলপমেণ্ট ক'ৰ্চ্** কৰি মই শিকিছো যে কেনেদৰে মই এই সমস্যাৰ সম্মুখীন হৈ ইয়াৰ সমাধান উলিয়াব লাগে আৰু জীৱনক কেনেদৰে সুন্দৰতাৰে জীয়াই থাকিব লাগে।

-কমলেশ প্ৰসাদ, গোৰখপুৰ

***

মোৰ আত্মবিশ্বাসৰ অভাৱ আছিল, মানুহৰ আগত থিয় হৈ কথা কব পৰা নাছিলো, কিন্তু **এই পাৰ্চনেলিটি ডেভেলপমেন্ট ক'ৰ্চ্** কৰি মোৰ শাৰীৰিক আৰু মানসিক বল বাঢ়িছে। এতিয়া মই য'তে-ততে যি কোনো মানুহৰ আগতে থিয় হৈ নিশ্চিন্ত মনে কথা কব পাৰো। এই কোৰ্চ কৰাৰ পিছত মোৰ আত্মবিশ্বাসো বহুত বাঢ়িছে।

-অশোক ত্যাগী, দিল্লী

***

পাৰ্চনেলিটি ডেভেলপমেন্ট ক'ৰ্চ্ নামৰ কৰ্মশালাত মোৰ মানসিক, ভাৱনাত্মক আৰু আধ্যাত্মিক অভিজ্ঞতা বহুত হয়। অধ্যাত্মৰ প্ৰতি মোৰ ৰুচি আৰু বাঢ়ে। সময় আৰু স্বাস্থ্যৰ গুৰুত্বকো মই বুজি পালো আৰু মোৰ স্মৃতিশক্তি বৃদ্ধি পাইছে। এনে জ্ঞানবৰ্দ্ধক কৰ্মশালাত অংশ লৈ যি কোনো ব্যক্তিয়ে নিজৰ জীৱনক সুন্দৰ কৰি তুলিব পাৰে, সেইকাৰণে মই কব বিচাৰো যে শ্ৰী সূৰ্য সিন্‌হাৰ সান্নিধ্যত এনে ক'ৰ্চ্ বা কৰ্মশালা য'ত আয়োজিত হয়, তাত আপুনি নিশ্চয় অংশ গ্ৰহণ কৰক।

-আচলম খান, লক্ষ্মৌ

***

আপোনাৰ দ্বাৰা আয়োজন কৰা **'পাৰ্চনেলিটি ডেভেলপমেন্ট কৰ্চ'** ক কৰি মই মানসিক ৰূপেৰে শান্তি অনুভৱ কৰিছো। এতিয়া মোৰ মন সদাই প্ৰসন্ন হৈ থাকে, শৰীৰ আৰু মনৰ পৰা প্ৰফুল্লিত অনুভৱ কৰিছো। বহু বছৰৰ পৰা যি অভ্যাসে মোক এৰা নাছিল সেইটো লাহে লাহে এৰিব পাৰিছো। ভায়ৰ ভাৱ শেষ হৈ গৈছে আৰু আত্মবিশ্বাস বাঢ়িছে। এতিয়া মই জোৰ দি কব পাৰো যে এইটো কৰ্মশালাক কৰি মই জীয়াই থকা শিকি লৈছো।

তাৰিক আনৱৰ, আহমেদাবাদ

***

শ্ৰী সূৰ্য সিন্‌হাৰ পৰা মই ইমান শিকিছো যে তাৰ বাবে মই ভাষাৰে ব্যাখ্যা কৰিব নোৱাৰো। এতিয়া মই মানসিক শান্তি অনুভৱ কৰিছো, শাৰীৰিক ৰূপেৰে নিজকে সুস্থ পাইছো, মোৰ মনোবল দৃঢ় হৈছে, মই মোৰ ব্যৱহাৰক সংশোধন কৰিব পাৰিছো, আত্মবিশ্বাস বাঢ়িছে। লগতে এতিয়া মই বহুৰতাৰে মোৰ লক্ষ্যক প্ৰাপ্ত কৰাত লাগি গৈছো।

-নেহা শৰ্মা, জয়পুৰ

***

পার্চনেলিটি ডেভেলপমেণ্ট কোৰ্চ কৰাটো সময়ৰ পৰিৱৰ্তনৰ প্ৰয়োজনীয়তা হয়, সেইকাৰণে ভাৱিলো এই ক'ৰ্চ্ কৰি লওঁ। ক'ৰ্চ্ কৰাৰ পিছত গম পালো যে গোটেই পাৰ্চনেলিটি ডেভেলপমেণ্ট মনোৰঞ্জক, জ্ঞানবৰ্দ্ধক আৰু গুণেৰে ভৰপুৰ আছিল। ক'ৰ্চ্ৰ প্ৰথম দিনৰ পৰা মই গম পাইছিলো যে মই এই ক'ৰ্চ্ ´ কৰি মোৰ কোনো লোকচান হোৱা নাই। এই ক'ৰ্চ্ত মই ইমান শিকিছো, যাক মই শব্দৰে ব্যক্ত কৰিব নোৱাৰো। কেৱল ইমানেই কব পাৰো যে **পাৰ্চনেলিটি ডেভেলপমেণ্ট ক'ৰ্চ্** ত অংশ গ্ৰহণ কৰি মই নিজকে ভাগ্যৱান অনুভৱ কৰো।

-আলোক শৰ্মা, পাটনা

***

উইনাৰ্চ ট্ৰেকৰ দ্বাৰা আয়োজন কৰা আৰু শ্ৰী সূৰ্য সিন্‌হাৰ দ্বাৰা দিয়া পাৰ্চনেলিটি ডেভেলপমেণ্ট ক'ৰ্চ্ কৰি মই বহুত আনন্দিত হৈছো, যিমান আনন্দ মই Essal World ত গৈ পোৱা নাছিলো। ইয়াত শ্ৰী সূৰ্য সিন্‌হাই প্ৰত্যেক বিষয়ক ভালদৰে বুজাই আৰু কৰোৱাই যাৰ ফলত মই এক নতুন জীয়াই থকা যেন অনুভৱ কৰো। ইয়াত প্ৰত্যেক অংশগ্ৰহণ কাৰীক নিজৰ অভিজ্ঞতা লবলৈ শিকোৱা গৈছিল। ইয়াৰ পৰা মই মনোঞ্জৰক ধৰণে শিকাৰ পৰিৱৰ্তেও ইতিবাচক ধৰণে চিন্তা কৰা চোৱাও শিকো।

-ৰাজীৱ খণ্ডেলৱাল, পীতমপুৰা, দিল্লী

***

শ্ৰী সূৰ্য সিন্‌হাৰ দ্বাৰা কৰোৱা **পাৰ্চনেলিটি ডেভেলপমেণ্ট ক'ৰ্চ্** ক কৰি মই শিকিছো যে জীৱন কেনেদৰে জীয়াই থাকিব লাগে, মানুহৰ লগত কেনেদৰে ব্যৱহাৰ কৰিব লাগে, সময় কেনেদৰে প্ৰবন্ধন কৰিব লাগে, নিজৰ কাৰ্যক্ষমতাৰ কেনেদৰে বিকাশ কৰিব লাগে, লক্ষ্য প্ৰাপ্তি কেনেদৰে কৰিব লাগে আৰু জীৱনক কেনেদৰে সফল কৰিব পাৰি। এই সকলো কথাৰ বাবে মই উইনাৰ্চ ট্ৰেক আৰু শ্ৰী সূৰ্য সিন্‌হাক ধন্যবাদ জনাওঁ।

-মহিমা দেশপাণ্ডে, এডভোকেট, মুম্বাই হাইকোৰ্ট

***

শ্ৰী সূৰ্য্য সিন্‌হাৰ পৰা মই ইমান শিকিছো যে মই সেইটোক শব্দৰে কথা নোৱাৰো। এতিয়া মই মানসিক শান্তিৰ অনুভৱ কৰিছো, শাৰীৰিক ৰূপেৰে নিজকে সুস্থ পাইছো, মোৰ মনোবল শক্তিশালী হৈছে, মোৰ ব্যৱহাৰ বহুত উন্নত হৈছে, আত্মবিশ্বাস বৃদ্ধি পাইছে। লগতে এতিয়া মই বহুত গম্ভীৰতাৰে

মোৰ লক্ষ্যক প্ৰাপ্ত কৰাত লাগি আছো।

নেহা শৰ্মা, জয়পুৰ

***

পাৰ্চনেলিটি ডেভেলপমেন্ট ক'ৰ্চ কৰিব বিচাৰিছিলো। কৰ্চ কৰাৰ পিছত গম পালো যে গোটেই 'পাৰ্চনেলিটি ডেভেলপমেন্ট কৰ্চ' মনোৰঞ্জক, জ্ঞানবৰ্ধক আৰু ভাল গুণেৰে ভৰা আছিল। কৰ্চ ৰ প্ৰথম দিনতেই মোৰ আভাস হৈছিল যে মই ইয়াত অংশ গ্ৰহণ কৰি মোৰ একো লোকচান হোৱা নাই। এইটো কৰ্চ ত মই ইমান শিকিছো যে মই কথাৰে ব্যক্ত কৰিব নোৱাৰো। ইমানেই কব বিচাৰো যে ***'পাৰ্চনেলিটি ডেভেলপমেন্ট ক'ৰ্চ'*** ত অংশ লৈ মই নিজকে বহুত ভাগ্যশালী অনুভৱ কৰিছো।

আলোক শৰ্মা, পাটনা

***

উইনাৰ্চ ট্ৰেকৰ দ্বাৰা আয়োজন কৰা আৰু শ্ৰী সূৰ্য সিন্‌হাৰ দ্বাৰা দিয়া পাৰ্চনেলিটি ডেভেলপমেন্ট ক'ৰ্চ্ কৰি মই বহুত আনন্দিত হৈছো, যিমান আনন্দ মই Essal World ত গৈ পোৱা নাছিলো। ইয়াত শ্ৰী সূৰ্য সিন্‌হাই প্ৰত্যেক বিষয়ক ভালদৰে বুজাই আৰু কৰোৱাই যাৰ ফলত মই এক নতুন জীয়াই থকা যেন অনুভৱ কৰো। ইয়াত প্ৰত্যেক অংশগ্ৰহণ কাৰীক নিজৰ অভিজ্ঞতা লবলৈ শিকোৱা গৈছিল। ইয়াৰ পৰা মই মনোঞ্জৰক ধৰণে শিকাৰ পৰিৱৰ্তেও ইতিবাচক ধৰণে চিন্তা কৰা চোৱাও শিকো।

-ৰাজীৱ খণ্ডেলৱাল, পীতমপুৰা, দিল্লী

***

শ্ৰী সূৰ্য সিন্‌হাৰ দ্বাৰা কৰোৱা **পাৰ্চনেলিটি ডেভেলপমেন্ট ক'ৰ্চ্** ক কৰি মই শিকিছো যে জীৱন কেনেদৰে জীয়াই থাকিব লাগে, মানুহৰ লগত কেনেদৰে ব্যৱহাৰ কৰিব লাগে, সময় কেনেদৰে প্ৰবন্ধন কৰিব লাগে, নিজৰ কাৰ্যক্ষমতাৰ কেনেদৰে বিকাশ কৰিব লাগে, লক্ষ্য প্ৰাপ্তি কেনেদৰে কৰিব লাগে আৰু জীৱনক কেনেদৰে সফল কৰিব পাৰি। এই সকলো কথাৰ বাবে মই উইনাৰ্চ ট্ৰেক আৰু শ্ৰী সূৰ্য সিন্‌হাক ধন্যবাদ জনাওঁ।

-মহিমা দেশপাণ্ডে, এডভোকেট, মুম্বাই হাইকোট

***

আগতে মই মোৰ কথা আনৰ আগত ব্যক্ত কৰিব পৰা নাছিলো, কিন্তু **পাৰ্চনেলিটি ডেভেলপমেন্ট ক'ৰ্চ্** কৰি মই মোৰ কথা সকলোৰে আগত ব্যক্ত

কৰিব পাৰিছো। নিজকে জানিবলৈ আৰু আত্মনীৰিক্ষণ কৰিবলৈ মোৰ ভাল লাগিব। এই অভ্যাস কৰাৰ পিছত জীৱন আৰু ব্যৱহাৰত মই আচৰিত জনক ভাৱে সংশোধন কৰিব পাৰিছো।

-দিনেশ মেহতা, দেহৰাদূন

পাৰ্চনেলিটি ডেভেলপমেণ্ট ক'ৰ্চ্ কৰাৰ পূৰ্বে মোৰ সোনকালে খং উঠিছিল। এতিয়া মোৰ বহুত পৰিৱৰ্তন হৈছে। মোৰ এই শান্ত স্বভাৱক দেখি মোৰ ঘৰৰ লোক আচৰিত হৈছে কিন্তু ভাল পাইছে। এতিয়া মোৰ কাৰ্য শেষ হৈছে, যদি ইয়াৰ প্ৰচাৰৰ বাবে মোক কোনো কাৰ্য দিলে মই নিজকে ভাগ্যৱান বুলি ভাৱিম।

-শীতল নেগি, আলমোড়া, উত্তৰাখণ্ড

***

এই **পাৰ্চনেলিটি ডেভেলপমেণ্ট ক'ৰ্চ্** ৰ পৰা মোৰ বহুত লাভ হৈছে। ইয়াত মই জানিছো যে আমাৰ ভিতৰ লুকাই থকা শক্তিক কেনেদৰে উচিত ধৰণে প্ৰয়োগ কৰিব পাৰি। এইদৰে **পাৰ্চনেলিটি ডেভেলপমেণ্ট ক'ৰ্চ্** ত অংশ লোৱাৰ সুযোগ পালে মই বাৰে বাৰে লম।

-বিনয় কুমাৰ পাঠক, পাটনা

***

চাৰ,

মোৰ এজন মিত্ৰই আপোনাৰ **পাৰ্চনেলিটি ডেভেলপমেণ্ট ক'ৰ্চ্** ৰ বিষয়ে অৱগত কৰাইছিল। আপোনাৰ ক্লাচ এটেণ্ড কৰি মই মোৰ ব্যক্তিত্বৰ বিকাশ কৰি প্ৰভাৱ, সন্মান, লোকপ্ৰিয়তা আৰু প্ৰতিষ্ঠা পাইছো। আজি মোৰ কোনো বিৰোধী, কোনো শত্ৰু নাই। যি আছিল আপুনি কোৱা সূত্ৰৰ প্ৰয়োগ কৰি মই সকলোৱে মিত্ৰ কৰি লৈছো। এতিয়া মই মোৰ ল'ৰা আৰু ছোৱালীজনীক আপোনাৰ ক্লাচ এটেণ্ড কৰাব বিচাৰো।

কৃপা কৰি জনাব আপোনাৰ আহমেদাবাদত কেতিয়া ক্লাচ আৰম্ভ হ'ব ?

আপোনাৰ বিদ্যাৰ্থী

-জে.কে. বৰ্মা, আহমেদাবাদ

***

মোৰ প্ৰেৰণাৰ উৎস সূৰ্য চাৰ,

আপোনাৰ যোৱাৰ নাগপুৰ যাত্ৰাত মই আপোনাৰ পৰা **পাৰ্চনেলিটি ডেভেলপমেণ্ট** ৰ কিছুমান টিপ্‌চ লৈছিলো, যৰ পৰা মই কেৱল ব্যৱহাৰিক সফলতাই পোৱা নাই, বৰং মোৰ দোষবোৰো দূৰ কৰি মই সমাজত সন্মান প্ৰাপ্ত কৰিছো। মোৰ কৰ্মচাৰীও এতিয়া মোৰ পৰা প্ৰভাৱিত হৈছে আৰু প্ৰসন্ন হৈ থাকে। এতিয়া মোৰ খং নুঠৈই।

এই পৰিৱৰ্তনৰ কৃতিত্ব মই আপোনাক দিব বিচাৰো। আপোনাৰ দ্বাৰা কৰোৱা মেডিটেচন আৰু দিয়া টিপ্‌চৰ ওপৰত ধ্যান দি মই বহুত শান্তিৰ জীৱন কটাব পাৰিছো। এতিয়া মই বহুত শান্ত হৈ থাকো। মোৰ ফেক্টৰিৰ কৰ্মচাৰী সকলকো আপোনাৰ ক্লাচ এটেণ্ড কৰাব বিচাৰো। আপুনি কেতিয়া নাগপুৰলৈ আহিব, কৃপা কৰি জনাব বা মোৰ নিমংত্ৰণত নাগপুৰলৈ আহিব। আপোনাৰ সকলো চৰ্ত মই মানিম।

-সুধাকৰ ভোচলে,

নাগপুৰ

***

চাৰ,

আপোনাৰ কিতাপ **'চিন্তা-ভাৱনাৰ যাদু'** কিতাপ পঢ়ি ভাল লাগি। কিতাপ খনে কেৱল মোৰ চিন্তাধাৰাকে সলনি কৰা নাই, বৰং ইতিবাচক চিন্তা-ধাৰাই মোৰ জীৱনক পৰিৱৰ্তন কৰি দিছে। মোৰ যি বন্ধুৱে আপোনাৰ এইখন কিতাপ উপহাৰ দিছিল, তেওঁৱেই মোক আপোনাৰ দ্বাৰা আয়োজিত কৰা **পাৰ্চনেলিটি ডেভেলপমেণ্ট ক'ৰ্চ্** ৰ বিষয়েও কৈছো।

এতিয়া মই আপোনাৰ ক্লাচ এটেণ্ড কৰিব বিচাৰো। মই ভূপালত থাকো, কৃপা কৰি মোৰ পথ প্ৰদৰ্শন কৰক যে মই কেনেদৰে আপোনাৰ ক্লাচ এটেণ্ড কৰিব পাৰো।

-সন্তুষ আগৰৱাল, ভূপাল

---●---

"উইনাৰ্চ ট্ৰেইক"প্ৰস্তুতি

সূৰ্য সিন্‌হাৰ মানৱ প্ৰশিক্ষণ আৰু প্ৰেৰণা প্ৰদানকাৰী সংস্থা উইনাৰ্চ ট্ৰেকত সাদিনী, পাঁচদিনীয়া, তিনদিনীয়া, দুদিনীয়া আৰু একদিনীয়া ৱৰ্কশ্বপ আৰু চেমিনাৰ নিম্নলিখিত বিষয়বিলাকৰ ওপৰত আয়োজিত কৰে ঃ

- ★ সফলতা প্ৰাপ্তি (Gain Success)
- ★ ব্যক্তিত্ব বিকাশ (Personality Development)
- ★ ভাষণ আৰু প্ৰস্তুতিকৰণ কলা (Public Speaking Presentation Skill)
- ★ সম্ভাষণ কলা (Communication Skill)
- ★ ধ্যান সাধনা আৰু মানসিক চাপ মুক্তি (Meditation & Art of Relaxation)
- ★ ব্যৱহাৰ কুশলতা (Relationship Mastery)
- ★ স্মৃতি বিকাশ (Memory Development)
- ★ অধ্যয়ন টেকনিক (Study Teachnology)
- ★ শিক্ষণ টেকনিক (Teaching Technology)
- ★ সময় ব্যৱস্থাপনা (Time Management)
- ★ লক্ষ্য নিৰ্ধাৰণ (Goal Setting)
- ★ লিডাৰশ্বীপ (Leadership)
- ★ ব্যৱসায় বিকাশ (Business Development)
- ★ চেলচ প্ৰমোচন (Sales Promotion)
- ★ ডি. টি. ডব্লিউ (Distributors Training Workshop)

বুকিংৰ বাবে অৰ্ডাৰ ফৰ্ম

নাম ঃ ....

ঠিকানা ঃ ....

ফ'ন ঃ .... ম'বাইল ঃ ....

ই-মেল ঃ ....

ৱাৰ্কশ্চপ - চেমিনাৰ ☐ সাদিনীয়া পাঁচদিনীয়া

☐ তিনদিনীয়া ☐ দুদিনীয়া ☐ এদিনীয়া দিবসীয়

এক দিবসীয়

(যি ৱৰ্কশ্বপ - চেমিনাৰৰ বাচনি কৰিব, সেই বাকচত ✓ চিহ্ন লগাওক)

কৃপা কৰি দৃষ্টি দিয়ক

- ✓ সকলো ৱৰ্কশ্বপ - চেমিনাৰৰ প্ৰোফেচনেল ফিচ বেলেগ-বেলেগ।
- ✓ এটাতকৈ অধিক চেমিনাৰ / ৱৰ্কশ্বপ কৰালে পেকেজ ডিচকাউন্ট পোৱা যাব।
- ✓ উৰা জাহাজৰ ভাড়া আৰু লজিং-ফুডিং চাৰ্জ অতিৰিক্ত লাগিব।
- ✓ বাচনি কৰা ৱৰ্কশ্বপ - চেমিনাৰৰ বুকিং কৰিবৰ বাবে ফিচৰ 50 শতাংশ বেংক ড্ৰাফ্‌ট বা চেকেৰ মাধ্যমেৰে অগ্ৰিম দিয়াৰ আৱশ্যক।

উইনাৰ্চ ট্ৰেক

সূৰ্য সিন্‌হাৰ কিতাপ আৰু কেচেট পাইকাৰীত কিনিবৰ বাবে অথবা

ৱৰ্কশ্বপ - চেমিনাৰৰ

E-mail : winnerztrack@gmail.com

Website : www.suryasinha.com

www.winnerztrack.com

ফোন ঃ 09313632981, 09350527204

আমন্ত্ৰণ

যদি আপুনি আপোনাৰ পাৰ্চনেলিটি ডেভেলপ কৰিব বিচাৰে আৰু ব্যক্তিগত ৰূপেৰে লেখক, মানৱ প্ৰশিক্ষক আৰু প্ৰেৰক শ্ৰী সূৰ্য্য সিন্‌হাৰ স্তুপাৰ্চনেলিটি ডেভেলপমেণ্ট প্ৰগ্ৰেমছ এটেড কৰিব বিচাৰে তেতিয়াহলে আপুনি এইখন ৰেজিস্ট্ৰেচন ফৰ্মক ফিল আপ কৰি পঠিয়াব পাৰে। আমি আমাৰ স্তুপাৰ্চনেলিটি ডেভেলপমেণ্ট প্ৰগ্ৰেমছত অংশ গ্ৰহণ কৰিবৰ বাবে আপোনাক ওচৰৰ চহৰত আমন্ত্ৰিত কৰিব পাৰিম।

ৰেজিস্ট্ৰেচন ফৰ্ম

আবেদকৰ নাম ঃ ....

পিতা-পতিৰ নাম ঃ ....

মাতৃৰ নাম ঃ ....

বয়স ঃ ....বছৰ

লিঙ্গ ঃ পুৰুষ ( ) স্ত্ৰী ( )

শৈক্ষিক অৰ্হতা ঃ ....

আবেদকৰ ব্যৱসায় ঃ ....

ঘৰৰ ঠিকনা ঃ ....

....

....

ফ'ন নং ঃ ....

ম'বাইল নং ঃ ....

কাৰ্যালয়ৰ ঠিকনা ঃ ....

....

....

ফ'ন নং ....

স্থান ঃ............ ....

তাৰিখ ঃ.......... আবেদকৰ হস্তাক্ষৰ